"이탈리아의 플로렌스를 깨운 설교자!"

중세의 세례요한

기롤라모 사보나롤라

내가 원하는 것은 추기경의 붉은 모자가 아니라
오직 교회의 머리이신 주님께서 주신 바 순교의 피로 붉게 붉은 모자입니다.
내가 바라는 것은 오직 그것뿐입니다.

● 김남준 지음

Girolamo Savonarola

솔로몬

저자 서문

　세월이 흐르고 역사는 바뀌어도 변하지 않는 하나님의 방법이 있습니다. 그것은 하나님께서 어둡고 타락한 시대를 깨우실 때 늘 말씀을 증언하는 설교자들을 사용하신 것입니다. 어두운 이스라엘의 구약 시대, 참 선지자들은 하나님을 떠난 그 시대와 민족과 역사를 인하여 고통 가운데 절규하듯 하나님의 말씀을 외쳤습니다. 아무 방어도 없이 그들의 몸은 정적들의 표적이 되었지만, 그들에게는 천군만마보다도 위대한 무기가 있었습니다. 그것은 하나님의 말씀이었습니다. 그들의 소원은 오직 진리를 말하는 것이었고, 그들의 비전은 오직 하나님의 의가 비같이 내리는 것이었습니다. 그들이 살아 있는 단 하나의 이유는, 하나님의 말씀을 전하고 그분의 거룩한 뜻을 이 땅에 알리는 것뿐이었습니다.
　때때로 하나님께서는 그러한 선지자와 같은 설교자들을 이 땅에 보내사 오랫동안 잠든 교회를 깨우는 나팔로 사용하시기도 했고, 부패한 백성들의 양심을 찌르는 비수로 사용하시기도 했습니다. 어떤 때는 폭풍우와 같은 선포의 능력으로 바다의 장엄함을 알지 못하는 쪽배와 같은 교회들에게 과연 여호와만이 참 하나님이심을 드러내심으로써, 온 교회와 세상으로 하여금 넘치는 악을 버리고 거룩한 하나님 앞으로 나아오는 것이 유일한 희망인 것처럼 살게도 하셨습니다.

그러나 세상은 늘 이렇게 거룩한 부르심 앞에서 하나님의 말씀을 외치는 의로운 선포자들을 핍박했습니다. 때로는 달콤한 유혹으로 덫을 놓기도 했고, 때로는 무서운 채찍과 죽음의 위협으로 그들의 거룩한 선포 사역 앞에 거침돌을 놓았습니다. 그렇지만 그들은 한결같이 불굴의 사람들이었습니다. 말씀 선포로 말미암아 받는 고난을 조금도 이상한 것으로 여기지 않고, 오히려 하나님의 말씀을 인하여 핍박 받기에 합당한 자로 여겨 주시는 하나님을 찬송했습니다.

그들은 한결같이 그리스도에게 사로잡힌 사람들이었습니다. 하늘로부터 부어진 거룩한 열정과 세상을 향한 진지한 고민이 그들의 마음과 인격을 지배했습니다. 엄청난 핍박을 하찮게 여기고, 어리석은 사람들의 악의에 찬 비난에 늘 담대했으며, 불의와 싸우면서도 그들의 내면은 늘 거룩한 강인함을 소유하고 있었습니다.

저는 중세 시대 마지막에 선 이 설교자 기롤라모 사보나롤라를 '중세의 세례 요한'이라고 부르고 싶습니다. 왜냐하면 그는 칠흑과 같은 중세의 영적 암흑기에 교회를 향하여 성경으로 돌아갈 것을 외쳤고, 그의 외침이 끝나자 종교개혁이 일어났기 때문입니다. 비록 그의 신학은 여전히 가톨릭적이었고, 성경 해석에 있어서도 어떤 때는 알레고리컬했으며, 지나치게 신적 직관을 믿는 신비적인 경향이 없었던 것이 아닙니다.

그럼에도 불구하고 그의 거룩함에 대한 추구와 그로 말미암는 경건, 진리에 대한 불굴의 확신과 의를 향한 강렬한 사모함, 영력에 넘치는 선포 사역과 부패한 교권을 향한 용기 등은 오늘날 쇠약해진 강단과 말씀 선포로 인한 감격이 드문 시대에 사는 저의 가슴에 일평생 지울 수 없는 도전의 흔적을 새겨 주었습니다.

제가 사보나롤라를 처음으로 대한 것은 약 4년 전이었습니다. 짤막하게 소개된 그의 생애와 사역에 관한 기사를 읽으면서 저는 큰 감동을 받았습니다. 그 후로 이 설교자에 대한 관심이 있어서 틈나는 대로 자료들을 모아서 읽고자 했습니다. 거대한 중세의 타락한 물결 한복판에서 오직 설교 사역으로 외롭게 싸우던 그의 삶은 저에게 설교자의 갈 길이 무엇인지를 알려 주는 영감의 원천이 되었습니다.

엄격한 의미에서 이 책은 저서가 아닙니다. 여러 가지 자료들을 대하면서 제가 아쉬웠던 것은, 이 위대한 설교자가 설교자로 이해되지 않고 오히려 신비주의자나 개혁 운동가로 소개되고 있는 것이었습니다. 그래서 저는 여러 가지 글들을 모아서 정리하고 살을 붙이면서 그의 삶 속에 깃든 그 무한한 경건과 영력, 그리고 설교 사역의 장엄함을 드러내고 싶었습니다. 비록 그는 여전히 가톨릭의 신학을 가진 중세의 수도사였으나, 성경을 향한 진지한 열심은 그로 하여금 이신칭의의 교리와 그리스도의 속죄의 교리를 선포하게 했으며, 모두가 그의 영혼을 움직이게 한 진리의 힘이 되었습니다. 가시밭길을 걸어간 이 거룩한 설교자의 삶을 접하면서, 도무지 말씀을 선포하는 설교자라고 불릴 수 없을 저 자신의 초라한 강단 사역에 여러 날을 눈물로 지내야 했습니다.

　오, 하나님, 이 시대의 조국 교회는 수천의 서기관과 수만의 바리새인이 아니라, 선지자와 같은 설교자들을 그리워하며 기다리고 있습니다. 외치는 자는 많건만은 생명수는 말라 있는 이 때에 강단에서 생수가 솟아나게 하여 수많은 영혼들의 메마른 심령을 적시게 하시고, 이윽고 그들을 통하여 하나님을 아는 지식이 물이 바다를 덮음 같게 하소서. 아멘.

　이 책이 나오기까지 기도로 도와준 모든 이들에게 감사드리며, 진정한 영적 부흥과 개혁을 사모하는 조국 교회의 모든 성도들에게 이 작은 책을 바칩니다.

1992. 11. 12.
지은이 김 남 준

목 차

저자 서문 / 3

들어가는 말 / 7

여명을 기다리는 깊은 밤 / 13

페라라의 소년 / 37

세상을 떠나 수도원으로 / 47

플로렌스의 세례 요한 / 67

순교의 붉은 모자를 / 97

주가 큰 고난 당하셨도다 / 113

설교자 사보나롤라 / 127

사보나롤라의 설교 / 145

사보나롤라의 설교(영문) / 171

참고도서 / 194

들어가는 말

　　기독교 근세사에 여명의 새 장을 연 프로테스탄트 종교개혁은 문예부흥 운동에서 분명하게 예고되었다. 이때는 이미 중세의 긴 암흑 시대가 종말을 고하기 시작하던 때였다. 교황 제도의 세속화와 교회의 타락으로 말미암아 개혁에 대한 갈망은 더욱 불타 올랐고, 15세기에 들어섰을 때는 이미 이러한 개혁을 위한 준비가 이루어지고 있었다.[1] 이러한 시기에 교회의 개혁을 부르짖으며 등장했다가 로마 교회의 폭압적인 핍박에 희생의 피를 뿌린 종교개혁 이전의 개혁자들이 있었다.

　　그 중의 한 사람이 중세의 수도사 기롤라모 사보나롤라(Girolamo Fra Savonarola)였다. 그는 플로렌스의 개혁자였다. 그의 생애와 사역은 세계를 무대로 하는 폭넓은 것이 아니었다.

---

1) 정장복, 「인물로 본 설교의 역사」 상권(서울: 장신대출판부, 1988), p. 145.

그는 이탈리아의 한 도시 국가에서 교회 개혁과 도시의 변혁을 위해 활동했지만, 그것은 종교에 대한 문제뿐만 아니라 정치, 경제, 사회, 문화를 포함한, 한 도시의 포괄적인 개혁 운동이었다. 이 일이 설교자요 수도사였던 사보나롤라에 의해 시작된 것은 설교의 역사에 있어 의미 있는 일이다. 그는 실로 선지자적인 생애를 살았으며, 예언자적인 예리한 통찰로써 부패한 교회와 패역한 도시에 회개를 외친 실천적인 개혁자였다. 설교자로서의 그의 온 관심은 이탈리아 전역을 하나님의 다스림으로 충만한 하나님의 도성으로 만드는 데 있었다.

그는 비록 뛰어난 신학자는 아니었으나, 고대의 이교 예술 중흥에 몰두하던 문예부흥의 중심지인 이탈리아를 움직여 기독교를 지향하는 예술로 바꾸어 놓았다. 그리하여 그들의 모든 사치품과 이교적인 책들을 불태워 버릴 정도의 신앙적인 관심을 불러일으켰다. 그리고 이 같은 영적인 개혁은 스페인, 폴란드 그리고 라틴 기독교 국가 전역에서 일어났는데, 이것은 다음 세대에 있게 될 종교개혁의 요람을 준비하는 것이었다.[2]

---

[2] "Finally, a word must be said about Girolamo Savonarola, an ardent reformer who combined the thomistic training of Dominican with the apocalyptic expectations of a Joachimist. If one were to turn to Spain, Poland or any other section of Latin Christendom he would find there the same search for renewed spiritual life. It was this research that would eventually lead to the protestant reformation of sixteenth century and the catholic movement usually known as the Counter-Reformation." cf. Justo L. Gonzales, *A History of Christian Thought: From Augustine to the Eve of the Reformation*(Nashville: Abingdon Press,

사보나롤라의 운동은 예언자적인 설교를 중심으로 이루어졌고, 그의 설교는 교회와 종교의 문제뿐만 아니라 정치, 사회, 군사, 문화 등 모든 분야를 다루었다. 기롤라모 사보나롤라가 가톨릭 안에서조차 다양한 평가를 받고 있는 이유는 바로 이 때문이다. 그러므로 그를 이해하기 위해서는 그 시대의 상황과 그 시대의 상황을 다루었던 그의 설교를 동시에 이해해야 한다.

그러나 보다 중요한 것은, 하나님께서 어떻게 이 평범한 젊은이를 한 시대의 문예부흥의 물결을 되돌려 놓는 위대한 신정 운동의 도구로 사용하셨는지를 그의 영적인 체험과 신앙의 여정을 통하여 검토해 보는 것이다. 필자는 이 사람을 중세의 세례 요한(John the Baptist)이라고 부르고 싶다. 사보나롤라는 비사교적인 예언자였다. 키는 작았으나 몸을 항상 꼿꼿이 세우고 다녔고, 얼굴엔 우윳빛처럼 하얗게 빛나는 눈과 매부리코를 지니고 있었다. 입술은 꽉 다물어 두툼한 모습이었으며, 이마에는 굵은 주름이 많이 잡혀 있었다. 또한 유난히 숱이 많은 검은 눈썹과 가냘프게 느껴질 정도로 가늘고 투명한 손을 가지고 있었다.

그는 영적으로 뛰어난 사람이었다. 그는 기도의 사람이었으며, 또한 하나님의 말씀을 사랑하여 성경 66권을 거의 외웠던 수도사였다. 그는 설교단에 등장한 이후로 늘 자신감이 넘치는

1985), pp. 391-92.

자세로 로마 교회의 부패와 죄악을 공격하며 조국 플로렌스의 패역을 눈물로 고발하던 설교자였다. 그래서 19세기 초 교황 피우스 7세는 말하기를, "내가 천국에 간다면 하나님께 제일 먼저 기롤라모 사보나롤라가 성자인지 종파 분리자인지 또는 예언자인지 악당인지를 물어보겠다"라고 했다.

사보나롤라에 대한 이 같은 논쟁은 오랫동안 여러 세대를 두고 계속되어 왔으며, 많은 사람의 관심을 끌어 왔다. 이러한 논쟁들 덕분에 그의 생애의 윤곽은 좀더 분명하게 드러나게 되었고, 이로 말미암아 그의 극적인 생애와 인상 깊은 사역은 많은 사람들에게 감명을 주어 왔다.[3]

---

3) George M. Hardy, *Savonarola*(New York: Charles Scribner's Sons, 1901), p. 5.

여명을 기다리는 깊은 밤

15세기가 저물어 가면서 교회는 근본적인 개혁을 필요로 하고 있었다. 교황청이 아비뇽에 있을 때는 프랑스 왕실이 교회를 가지고 놀았으며, 그 후에는 분열에 의하여 교황권이 더욱 약화되었다. 교황의 자리를 다투던 인물들은 자격조차 없는 위인들이 대부분이었다. 교회 분열의 상처가 가시자마자, 교황청은 다시 복음을 신뢰하는 자들보다는 르네상스의 영향에 심취하는 자들의 손에 떨어지게 되었다.[4]

사보나롤라가 태어나 활동하던 시기는 사조적으로 르네상스가 꽃피고 있던 시대였다. 중세 교회의 억압으로부터 인간성을 해방시키고자 하는 인문주의 운동들이 일어나게 되었다.

---

[4] Justo L. Gonzales, 「종교개혁사」, 서영일 역(서울: 도서출판 은성, 1989), pp. 15-6.

그것은 인간이 가지고 있는 본래적 자유를 되찾고, 그들을 교회와 신앙의 억압으로부터 해방시켜 자유롭게 하자는 운동이었다. 즉 초자연적인 계시의 질서로부터 벗어나서 자유로운 인간성을 추구하여 인도주의적인 세상으로 만들어 가자는 운동이었다.

이것은 분명히 혁명적인 사조였다. 중세에 이르기까지 사람들은 인간의 모든 이성과 행동 가치 등은 모두 신적 계시인 초자연적 은총의 지배 아래 놓여 있을 때 비로소 자유를 누릴 수 있다고 생각해 왔다. 그러나 세상은 바뀌게 되었다. 사람들은 점점 초자연적인 계시나 신적인 은총 아래 이성을 낮추어 두기보다는 오히려 이성이 그러한 모든 계시와 은총을 판단하는 기준이 된다고 믿기 시작했다. 이성은 은총의 지배를 떠났고, 합리주의는 초자연적인 계시를 대치했으며, 과학은 신앙의 자리를 대신하게 되었다.

이러한 기독교적인 사고와 인생에 대한 생각의 변화는 이미 14세기 전부터 서서히 일어나기 시작했고, 기롤라모 사보나롤라 시대에는 이미 문예부흥이라는 시대 사조 속에서 한창 꽃을 피우고 있었다. 그리고 이러한 의미심장한 변화들은 이미 다음 세기의 커다란 종교적 위기들을 예견했다.[5]

---

5) Leclercq Jean Francois Vanderbroucke, & Louis Bouyer, *A History of Christian Sprituality: The Spirituality of the Middle Ages*(New York: The Seabury Press), pp. 344-45.

무엇보다 심각한 것은 교회의 부패였다. 교회의 심각한 분열을 종식시키고 동시에 전체 교회의 윤리적 갱신을 시도했던 잇단 종교 회의는 교회의 연합이라는 목적을 달성하는 데 어느 정도 성공을 거두었으나, 부패한 교회를 도덕적으로 거듭나게 하는 일에는 실패했다. 이러한 종교 회의에서 결정권을 가진 성직자들 자신이 이 같은 부패를 통해 막대한 재산을 축적하고 있었다.

이처럼 부패한 지도자들은 하급 성직자들과 수도사들에게도 큰 영향을 미쳤다. 성직자들의 독신 제도가 교회의 공식적인 규칙이었음에도 불구하고, 많은 사제들이 이를 공개적으로 어기고 있었다. 주교들과 지방 신부들은 자기들이 낳은 사생아들을 공개적으로 부양했다. 또한 수녀원들과 수도원들이 사치와 향락의 무대가 되어 감에 따라 고대의 수도원 규칙들도 그 빛을 잃기 시작했다. 군주들과 고위 귀족들은 첩에게서 낳은 자녀들을 수도원장, 수녀원장에 임명함으로써 안락한 생활의 기반을 마련해 주고자 했다. 따라서 이들이 수도원의 본래 사명에 대한 자각이 전혀 없었던 것은 당연하다. 수도원들이 자랑했던 학문 역시 쇠퇴해 갔다. 지방 성직자들의 교육은 거의 부재 상태였다.[6]

수도승과 종교 지도자들은 믿음이라는 견지에서 볼 때 점

---

6) Justo L. Gonzales, 앞의 책, p. 16.

점 더 타락해 갔고, 세속적인 많은 성직자들뿐만 아니라 평신도들도 이미 수도원은 구원이 발견되는 장소가 아니라는 사실을 느끼고 있었다. 수도원은 구원을 추구하는 열정과 경건도 없었고, 많은 사람들로부터 이미 불신을 받고 있었다. 사람들은 신학자들에 대해서도 같은 불만을 느끼고 있었다. 그들은 풍성한 영적 체험들을 차갑고 딱딱한 스콜라 철학의 이론에 끼워 맞추기에 여념이 없었던 것이다.

이러한 화석화된 교회의 분위기는 많은 평신도들과 뜻있는 성직자들의 반발을 불러일으켰고, 결과적으로 이들로 하여금 좀더 순수한 복음의 단순성 속으로 들어가기를 열망하게 만드는 결과를 가져왔다. 결국 이 같은 상황은 이러한 교회의 형편에 반발하는 사람들로 하여금 또 다른 극단에 치우치게 만들었다. 다시 말해서 차갑게 화석화된 상태에서 교리를 신봉하는 전통주의와 생명력 있는 내적 교제를 추구하려는 신비주의로 빠져 갔던 것이다. 이 양자 사이의 골은 점점 깊어졌다.[7]

가톨릭 교회가 신앙의 원리와 본질을 의식이나 제도에 두었다면, 이들은 그것을 감정에 두었다.[8] 중세 말엽에 로마 가톨릭 교회가 계승적인 성직 체제와 7성례[9]를 은혜의 방편으로 삼았으나, 의식을 통해 신자들의 심령 속에 생명력 있는 은혜를

---

[7] Leclercq Jean Francois Vanderbroucke, & Louis Bouyer, 앞의 책, p. 345.
[8] 김명혁, 「초대교회사 강의안」(수원: 합동신학원, n.d), p. 5 이하.
[9] 7성례란 영세, 견신례, 성찬, 혼배성사, 고해성사, 서품, 종부성사의 일곱 가지 성례를 가리킨다.

보여주는 일이 그치게 되자 신비주의 운동이 전체적으로 일어나게 되었다. 이것은 제도와 이미 정해진 은혜의 방편을 통하지 않고 직접 하나님과 영적인 교통을 가져 보려는 시도로 나타났다. 이때 대륙에서는 에크하르트(M. Eckhart)에 의해 하나님과의 신비적 연합이 강조되었으며, 그것은 헨리 수소(Henry Suso)와 요한 타울러(Johannes Tauler)에 의해 계승되고 있었다.10)

우리는 이 시기가 신앙적으로 상당한 진공기였음을 직감할 수 있다. 사람들은 이미 차갑게 화석화되어 버린 교리 중심의 스콜라주의 신학과 부패한 교권의 횡포로부터 마음이 떠나 있었으며, 어찌하든지 이 부단한 교회의 억압으로부터 자유를 얻

---

10) 이형기, 「종교개혁신학사상」(서울: 장신대출판부, 1991), p. 8. 요한 타울러(J. Tauler)는 스트라스부르그 출신으로서 중세의 에크하르트(M. Eckhart)를 따르던 사람이었다. 요한 타울러를 흔히 지나친 신비주의자라고 하지만, 그의 생애를 살펴보면 새로운 모습을 느낄 수 있을 것이다. 그는 오히려 스승인 도미니크파의 신비적 수도승 에크하르트에게서 볼 수 있었던 명상적인 요소를 버리고 경험적이고 실천적인 성격을 가진 설교가였다. 그는 한때 바리새인으로 불렸는데 에크하르트뿐 아니라 어거스틴, 그레고리 대제, 디오니시우스(Dionysius), 안셀름(Anselm), 토마스 아퀴나스 등을 설교 시 자주 인용하곤 했다. 그는 성경에 친숙했고 사람의 마음을 깊이 통찰하는 재능이 있었다. 그럼에도 불구하고 그 친구인 바젤의 니콜라스(Nicholas of Basel)로부터 의문(儀問)에 매인 바리새적 설교자라는 혹독한 비난을 받았다. 타울러는 후일 그 비난이 정당함을 깨닫고 2년 동안 설교를 중단했다. 그러나 그가 2년 후 다시 강단에 서서 마 25:6 "보라, 신랑이로다"라는 말씀을 붙들고 설교할 때 50명의 사람이 죽은 자처럼 졸도해 버리는 역사가 나타났다고 한다. cf. Phillip Schaff, *History of Christian Church*, vol. IV.(Grand Rapids: Eerdmanns Publishing Co., 1976., pp. 256-62, 김남준, 「창세기의 신앙부흥」(서울: 무림출판사, 1992), p. 123, F. L. Cross & E. A. Livingstone, *The Oxford Dictionary of the Christian Church* (Oxford: Oxford Univ. Press, 1974), p. 442.

기를 갈망하고 있었다. 이 같은 종교적인 의식의 변화는 사회의 변화와도 무관하지 않음을 유의할 필요가 있다.

이 시기에는 사회 전반에서 근대 사회의 태동을 위해 몸부림치는 장엄한 광경이 나타나고 있었다. 중세 사회를 지탱해 주던 사회적, 정치적, 경제적 여건들이 이미 사라져 가고 있었다. 우선 유럽의 지적, 정치적, 도덕적, 종교적 삶은 새로운 시대를 향한 도약을 위해 채비를 갖추고 있었다. 정치에도 많은 변화가 오게 되었고, 새로운 세계에 대한 동경과 학문의 자유로운 추구 그리고 고전에 대한 연구 등을 통해서 인간의 자유로운 창의성과 자율을 중시하는 사조가 일기 시작했다. 무엇보다도 두드러진 것은 중세를 오래도록 버티어 오던 사회 제도의 변화였다. 중세 사회의 질서는 봉건 제도를 기반으로 하고 있었으며, 사회의 통치 체제는 이것을 중심으로 수립되었는데, 이 제도가 와해되기 시작한 것이다. 이것은 곧이어 각 나라의 행정 및 정치 조직에 대한 다양한 변화를 불러일으켰다.[11]

이러한 상황은 대중들의 불만과 깊은 관계가 있다. 이 사람들은 한스 뵘(Hans Böhm)을 비롯한 각종 종말론적 운동에 참여하기도 했다. 이들의 경제적인 형편은 악화일로에 있었으며, 특별히 농노들에 대한 지주의 착취는 더욱 심해져 가고 있었다. 일부 수도원과 교회 지도자들은 여전히 구제에 힘쓰고 있었으

---

11) George M. Hardy, 앞의 책, pp. 1-2.

나, 가난한 자들은 대부분이 더 이상 교회를 자기들의 보호자라고 생각할 수 없는 상황이었다. 이러한 핍절한 대중들의 형편과는 반대로, 막대한 토지를 소유하고 부를 누리던 성직자들의 사치와 교회의 타락은 대중들로 하여금 '교회가 적그리스도에게 탈취당했다'라는 생각을 갖도록 만들었다. 이 시기에 간헐적으로 일어났던 농노의 반란, 종말론적인 운동 등은 모두 새로운 질서에 대한 갈망의 표현이었다.[12]

더욱이 비잔티움과 마호메트 교도들과의 빈번한 접촉은 기독교 국가 백성들의 정체 의식을 약화시켰고, 문예부흥을 통해 '옛 것'(antiquity)에 대한 관심이 높아지면서 이탈리아인들의 마음은 위대한 역사의 추억, 고대의 명상과 원리주의 같은 것들에 사로잡혀 있었다. 그래서 이들은 과감하게 옛 관습을 떨쳐 버리고 자유와 인간의 욕구에 대해 생각하기 시작한 최초의 유럽인들이 되었다.[13] 그러나 이 같은 정신 사조는 근본적으로 신적인 은총의 질서로부터의 탈피였기 때문에 사람들은 과격해지기 시작했고, 사회는 무정부적인 상황을 향하고 있었다. 하나님을 믿는 신앙은 흔들리고 있었으며, 세계의 질서에 대한 신앙적 관념은 운명주의적으로 변해 가고 있었다.[14]

---

[12] Justo L. Gonzales, 앞의 책, p. 19.
[13] Jacob Burkhardt, *The Civilization of the Renaissance in Italy*, vol. 2. (New York: Harper & Brothers Publishers, 1929), p. 473.
[14] 유럽인들이 고대 동양의 신비주의와 중세의 미신에 깊은 매력을 느끼고 점성술의 마술이 유행하게 된 것도 이 때문이었다.

또한 이 시기에는 새로운 사회 계급이 등장하게 되었다. 중산층 계급의 출현이 바로 그것이었다. 전통적으로 이 시대까지 유럽 사회에는 세 계급으로 나누어진 뚜렷한 구분을 가진 사회 계층이 있었다. 즉 나라를 다스리는 귀족들과 교회를 위해 봉사하는 성직자들, 그리고 농민들이었다. 그러나 이제는 이러한 농업 중심의 장원제 봉건 사회에서 상공업 경제 사회로 전이되는 과도기를 맞게 되었다. 상업 활동을 통해서 자본을 축적한 상인 계급들은 상당한 세력을 형성하며 사회에서 발언권을 얻기 시작했다. 이들이 후일 자본주의 사회로 넘어가는 데 있어서 큰 역할을 수행했던 사람들이다.

그리고 인간의 창의와 창작을 고무하는 문예부흥의 영향으로 건축과 예술 등 창작 활동에 대한 관심이 높아져서 미술, 조각, 건축 등의 분야에서 많은 발전을 보게 되었다. 사람들의 마음은 변하고 있었다. 이전의 낡은 권위와 전통적인 구습들을 탈피하여 좀더 개방된 사회를 향해 자유를 추구하고 있었다. 이것이 바로 르네상스(Renaissance), 곧 문예부흥 운동이다.

한마디로 말하자면, 이것은 중세의 혼합적인 문화가 타락한 결과였다. 이 거대한 운동의 구심점에는 개인주의, 세속주의, 합리주의 등이 자리잡고 있었다. 이 시기에는 일반적으로 인간 자신에 대한 관심이 확산되었다. 이제껏 성지(聖地)에 국한되어 왔던 옛 문화에 대한 관심은 고대 그리스와 로마의 유적에 대한 관심으로 확산되어 갔고, 세속 문학에 대한 연구가

기롤라모 사보나롤라

성경 연구에 대한 열정을 앞질렀다.

　　예술, 건축, 문학, 음악, 조각 등에 풍미했던 중세의 신(神) 중심 사상은 이제 더 이상 절대적일 수가 없었다. 이러한 새로운 변화의 초기 지도자들은 모두 플로렌스(Florence) 출신이었다. 그들은 지오토(Gioto), 단테(Dante), 프란체스코(Francesco), 페트라르카(Petrarcha), 복카치오(Boccacio) 등이었다. 또한 그 곳에서는 프라 앙겔리코(Fra Angelico), 미켈란젤로(Michelanzelo), 레오나르도 다 빈치(Reonardo Da Vincci) 등의 거장이 배출되기도 했다.15)

　　기롤라모 사보나롤라는 이러한 운동이 중심적으로 일어나고 있는 이탈리아의 커다란 도시들 가운데 하나인 플로렌스를 중심으로 사역을 했다. 이탈리아에서는 이러한 문예부흥 운동을 얼마나 잘 후원하느냐에 따라서 그 지역의 왕족과 통치자들의 능력이 평가되곤 했기 때문에 플로렌스의 지배자 메디치(Medicci) 가문도 그 도시에서의 문예부흥을 전폭적으로 지원했다. 때로 어떤 도시에서는 헬라 철학으로 유명한 그리스 본토에서 학자들을 초빙하여 헬라 고전에 대한 강의를 듣기도 하고, 그들로부터 책을 받아 읽기도 했다. 어디를 가든지 이 헬라 사람들은 큰 환영을 받았다.

　　문예부흥 운동은 고전에 대한 탐구를 촉진했는데, 그들의

---

15) Manschreck L. Clyde, 「세계교회사」, 최은수 역(서울: 총신대학출판부, 1991), pp. 270-72.

가장 중요한 연구 대상들은 헬라의 철학적인 저서들과 문학적인 작품들이었다.16) 이러한 고전에 대한 연구 분위기는 성경을 원어로 읽기를 원하는 사람들을 많이 생겨나게 했다. 그리하여 이것은 후일 개혁가들로 하여금 성경의 원문으로 돌아가서 로마 가톨릭의 비성경적인 교리들을 비판하고 성경의 조명을 통해 잊혀진 사도적 신앙을 회복하는 데 커다란 원동력이 되었다.

분명한 것은 이 문예부흥 운동이 그 기본 정신에서는 인본주의적인 운동이었고 탈기독교적이고 탈교회적인 움직임이었지만, 그럼에도 불구하고 그 속에는 후일 하나님께서 종교개혁을 일으키기 위하여 꼭 필요한 도구들을 이미 마련해 놓으시고 그 문예부흥을 통해 더욱 확고하게 준비시키셨다는 사실을 부인할 수가 없다는 점이다.

이러한 이탈리아의 문예부흥 운동은 터키족에 의해 동로마 제국이 침공을 받았을 때 더욱 가속화되었다. 오스만 투르크가 동로마의 콘스탄티노플을 침공하여 함락시켰는데 이때가 1453년이었다. 난리를 피하여 많은 헬라 학자들이 자유롭게 학문을 연구할 수 있도록 후원해 주는 이탈리아로 모여들기 시작했다.

---

16) 플로렌스의 플라톤 아카데미에 의하여 플라톤(Platon)의 저작이 완역된 것도 이러한 분위기를 잘 말해 준다. 그것은 마르실리오, 피키노, 피코 미란돌라 등에 의하여 1496년에 완간을 보게 되었다. 특별히 로렌조 발라와 쿠사의 니콜라스는 제왕들이 자기 나라를 교황에게 바친 증거 문서라고 주장하는 로마 가톨릭 교회의 왕국 헌납 증서들이 거짓임을 양식 비평과 역사 비평 방식을 통해 밝혀내기도 했다. 앞의 책, p. 272.

┌── 기롤라모 사보나롤라

그들은 이미 전통적으로 교회가 몰두해 오던 번쇄한 스콜라 철학이나 가톨릭 교회의 화석화된 교리나 규격화된 신학을 떠나 자유로운 학문 활동을 추구하고 있었다.

스콜라 철학과 가톨릭의 학문 체계가 논리적이고 사변적이라면, 이러한 문예부흥 운동을 통하여 가속화되고 있는 학문의 분위기는 신비하고 인간적인 것에 대한 관심을 보여주고 있었다. 번쇄한 중세의 스콜라 철학은 그 관심이 하나님에게 있었다. 그래서 그들이 인간의 구원에 관하여 논의할 때 항상 집중되는 의문은 왜 하나님이 인간이 되셨느냐는 것이었다. 그들의 모든 신학적인 관점은 신 중심적이었다. 그러나 문예부흥의 영향 아래서 일어난 학문이 추구하는 방향은 인간에 대한 것이었다. 그들의 질문은 인간이란 마땅히 무엇이어야 하는가(What man ought to be)였다. 이것은 사람들의 관심이 하나님으로부터 인간으로, 신학으로부터 인간학으로, 하늘로부터 이 땅으로 전향되고 있다는 것을 의미하는 것이었다.

이러한 학문적인 전개에도 불구하고 르네상스 시대를 지배하고 있던 시대 정신은 분명히 세속주의였다. 말로는 우아하고 원대하고 고상한 것들을 추구하는 것 같았으나, 이러한 학문의 영향을 받은 도시들은 전에 없는 무기력과 사치와 방탕들로 가득 차 있었다. 전통적으로 내려오던 도덕적인 삶의 전통들은 거의 무시되었고, 기존의 가치관은 회의(懷疑)의 대상이 되어 버렸으며, 사람들은 새 것을 찾게 되었다. 하나님의 초자연적인 은총의 질서 아래 있기를 거부하자, 사람들은 저마다 육체가 원하는 삶을 따라 생활해 갔다.

헬레니즘(Hellenism)의 망령이 다시 살아나는 것 같은 상황이었다. 사회는 해체되었고, 사람들의 마음은 저속한 탐욕으로 가득 찼다. 문화적으로는 많이 성장했다고 하나, 신앙은 점점 쇠퇴해 갔고, 초자연적인 것들에 대한 사람들의 신뢰는 빛을 잃어 가고 있었다. 더 이상 계시의 정신이 그들의 삶을 지도하지 못하고 있었다.

또 다른 한편으로, 이 시기는 사회·경제적으로 급속한 발전을 본 시기였다. 사회는 빠른 속도로 발전하고 있었고, 사람들은 부를 누리고 있었다. 여러 가지 경제적인 번영으로 말미암아 근대 사회에서 나타날 그릇된 풍조들이 유행하게 되었다. 사치와 방탕과 음란함이 전 이탈리아에 번져 있었고, 교회는 이러한 모든 세속적인 부패에 아무런 저항도 하지 못했다. 오히려 사제들마저 사치와 향락에 발목을 담그고 있었다.

당시는 메디치(Medicci) 가가 플로렌스의 문예부흥을 지원하고 있었다. 문예부흥은 사상사적으로 보면 새로운 시대를 여는 인문주의 운동이지만, 신앙적인 측면에서 보면 하나님의 다스림을 벗어나려는 인간적인 욕망 추구의 운동이었다. 시대는 이미 기울었고, 교회는 부패했으며, 교황권마저 크게 실추되어 사회와 교회 모두 무질서 속으로 치닫고 있었다.

14세기에 들어선 이후 교회의 부패는 더욱 가속화되었다.

교회의 권위는 땅에 떨어졌으며, 사람들의 신앙은 세속적이 되어 갔다. 그러나 이 같은 시대 상황에서 교회는 영적인 기여를 하는 대신 세속적인 권세를 확장하는 데 여념이 없었다. 교회를 개혁하기를 원하는 소원들이 여러 가지 사상과 사조(思潮)로 나타나게 되었다. 그럼에도 불구하고 교회는 각성을 하여 하나님의 말씀을 통해 주의 은혜를 증거함으로써 교회의 거룩함을 회복하고 말씀의 권위를 드러내기보다는 여러 가지 종교 재판소를 설치하여 이 같은 개혁의 이념을 가지고 있는 사람들을 이단자로 정죄하여 가혹한 심판을 가하는 데 몰두했다.

이 종교 재판소 제도는 대개 1200년경부터 시작되었다고 여겨지는데, 교황 이노센트 3세가 왈도파를 비롯하여 개혁 사상을 가진 다른 종파들의 수가 급증하는 것을 알고 그 일을 조사하기 위하여 수도사들을 보낸 데서 비롯되었다. 1248년경까지는 이 종교 재판소가 순회 조사소의 성격을 가졌으나, 그 다음부터는 종교 재판소 법정이라고 불리는 단독 건물을 갖기 시작했는데, 이 곳이 바로 종교적인 고문과 심문을 위한 장소로 사용되었다.[17]

---

[17] 해가 감에 따라 이교도에 대한 벌은 더욱 가혹하고 엄하게 되었고, 재판관들은 거의 절대적인 힘을 갖게 되었다. 그들의 교훈이나 규칙 가운데는 다음과 같은 것들이 있다. "이교도가 산다고 알려진 집은 어떠한 집이든지 파괴되어야 한다. 이교도를 숨겨 준 사람은 그가 왕이든지 영주든지 간에 그의 거처와 땅과 직위를 잃을 것이다. 이교도들은 심한 병으로 고통을 받는다 할지라도 의사에게 보여서는 안 된다." 당시의 종교재판위원회는 이런 류의 규칙을 42가지나 택하고 있었다. 이 같은 제도는 15세기

이러한 시대 상황 속에서 기롤라모 사보나롤라는 플로렌스라는 이탈리아의 한 도시 국가를 중심으로 신앙, 정치, 사회, 심지어 예술에 이르기까지 사회의 모든 분야에 깊은 영향을 끼친 사람이다. 설교를 중심으로 한 그의 개혁은 단지 교회의 개혁에 국한되지 않은, 사회 전반에 대한 개혁이었다. 플로렌스를 향한 그의 염원은 국가가 하나님의 말씀과 신앙의 정신에 의하여 다스려지는 신정국가가 되는 것이었다.18)

그는 중세의 시대 상황 속에서 전통적인 로마 교회의 교권이 만들어 낸 윤리 구조와 르네상스에 의하여 발흥되고 있는 새로운 윤리 구조 사이에서 사람들에게 "하나님께로 돌아갈 것"(호 6:1)을 외쳤던 설교자였다. 하나님은 문예부흥이라고 하는 커다란 불신앙의 물결과 폭압적 교권이 휩쓸던 중세 교회 시대에 탁류처럼 도도히 흐르는 세속주의의 물결에 도전할 수 있는 위대한 개혁의 샛별들을 역사의 장 위에 떠올리셨는데, 그 중의 한 사람이 바로 플로렌스의 설교자 기롤라모 사보나롤라였다.

한 시대를 움직였던 위대한 개혁가를 어떤 각도에서 살펴

후반기에 들어서서 교권의 약화와 계몽 군주들의 출현으로 차츰 폐지되어 갔다. cf. John Fox, 「위대한 순교자들」, 맹용길 역(서울: 보이스사, 1988), p. 277.
18) Sidney Hughton, 「기독교회사」, 정중은 역(서울: 나침반, 1988), p. 12. 플로렌스를 개혁하면서 그가 가졌던 이상은 그 도시와 이탈리아를 신정국가로 만드는 것이었다. 신정정치에 대한 그의 이상(理想)에 대해서는 George M. Hardy, *Savonarola*, pp. 108-122를 참조할 것.

볼 것인가 할 때, 거기에는 여러 가지 방법이 있을 것이다. 특별히 그의 활동이 사보나롤라처럼 포괄적인 경우에는 이러한 관점의 설정이 더욱 절실하다. 예를 들면, 18세기 영국의 부흥 운동 당시 활동하던 존 웨슬리(J. Wesley)의 생애가 그러하다. 당시 영국의 교회와 사회를 향한 그의 활동과 영향은 대단히 포괄적이고 복합적인 것이었다. 그래서 사회사업에 관심 있는 사람들은 그를 사회사업가의 모델로 제시하기 위하여 탐구하기도 하고, 교육가들은 그가 여러 가지 탁아 사업과 기독교적인 교육 사업에 심혈을 기울인 것에 착안하여 그를 교육가로 파악해 보려고도 시도한다. 또한 그가 당시 부패한 영국의 정치와 사회에 깊은 영향을 미친 것에 주목하여 그를 적극적인 사회 참여의 선구자로 보기도 하며, 다른 어떤 사람들은 그가 복음 전도자였음을 주목하여 그를 관찰하기도 한다.

기롤라모 사보나롤라에 대한 접근과 평가는 웨슬리의 경우보다 훨씬 더 복잡하다. 그래서 어떤 사람들은 그의 사상을 토마스 아퀴나스(Thomas Aquinas)의 사상과 후대의 열광적인 신앙 부흥 운동과의 괴상한 결합이라고 말하기도 한다. 가톨릭의 시각에서 볼 때도 그는 '괴상하게' 예외적인 인물로 평가받고 있다. 가톨릭 안에서도 그의 복자 추대 운동이 시작된 지가 50여 년이 넘었는데도, 그가 여전히 성자(聖者)의 목록에 오르지 못하고 있는 것도 이러한 상황을 입증해 주는 것이다.

필자는 교회사가도 아니고, 직업적인 전기 작가도 아니다.

다만 사보나롤라에 관한 여러 글과 여기저기 흩어진 자료들을 통해 설교자로서의 그의 생애를 살펴보면서 많은 감화를 받은 사람이다. 분명히 그의 사상은 우리 정통 개신교의 신학 사상과는 다르고, 더욱이 그는 중세적인 인물이었기에 그의 성경 해석도 종교개혁 이후로 이어지는 정통적인 성경 해석 방법과 궤를 같이한다고 말하기 어려운 점이 있다. 게다가 그의 영광스러운 사역 한 편에는 시대를 향한 자신의 예견을 지나치게 확신하는 신비주의적인 요소가 없지 않은 것도 사실이다.

    그럼에도 불구하고 필자는 그의 생애의 기록들을 접하면서 영혼 깊은 곳에서 우러나오는 충격어린 감동으로 무릎을 꿇고 눈물을 닦은 것이 한두 번이 아니다. 그의 여러 가지 오류와 한계에도 불구하고, 사보나롤라 속에는 하나님이 귀하게 사용하신 탁월한 요소들이 있다는 것을 시인하지 않을 수 없었다. 특별히 지금처럼 교회가 하나님을 등진 세상을 향하여 이토록 무기력하고, 강단에서 생명의 물줄기와 같은 능력의 선포가 희귀하게 느껴지는 때는 더욱 그러하다.

    기롤라모 사보나롤라에 대한 여러 기록들을 살펴볼 때 그가 제대로 평가받고 있지 못함을 알 수 있다. 개신교 교회사에서 사보나롤라는 종교개혁자들이나 그보다 더 명백하게 교리적 개혁을 요구했던 종교개혁 이전의 개혁가(Pre-Reformer)들에 의하여 가려져서 자세한 서술의 대상에서 빠져 있고, 가톨릭의 교회사에서는 이단적인 사상으로 교권에 대항한 인물로서 교회사의 원줄기를 다루는 역사 서술에서 소외되고 있다. 따라서 우리는 이 인물을 설교사적인 측면에서 다룸으로써 그의 원래 모습과 종교개혁 이전사에서의 그의 활동을 재건해 줄 필요가 있다고 생각한다.

그의 생애를 보면서 가장 충격적으로 와 닿은 것은 역시 설교에 대한 그의 확신과 헌신이었다. 중세의 수도사답지 않게 그의 사상은 성경에 깊이 감화되어 있었으며, 하나님을 향해 타오르는 듯한 열정을 목숨을 건 선포로 드러낸 사람이었다.

설교에 대한 기롤라모 사보나롤라의 이 같은 확신과 헌신은 당시로서는—지금도 그렇지만—너무나 이례적인 것이었다. 그는 위클리프(J. Wycliff)나 후스(J. Huss)처럼 성경의 권위를 강조하는 교리의 개혁을 외친 사람은 아니었다. 그러나 그렇다고 해서 그가 성경의 권위를 그들보다 덜 신뢰했던 것도 아니었다. 그는 오히려 가톨릭의 모든 교리는 성경의 판단을 받아야 한다고 믿고 있었다. 그의 중요한 관심은 교회의 개혁에 있었다. 그리고 이러한 개혁을 위한 그의 사역의 구심점은 설교 사역이었다. 하나님의 말씀을 선포하는 일로써 교회의 개혁을 기대했다는 점에서 그는 종교개혁의 샛별(Morning Star of the Reformation)로 불리기에 충분했다.[19]

사보나롤라의 개혁은 무엇보다도 도시의 영적인 각성과

---

[19] Earle Edwin Cairns, *Christianity Through the Centuries*(Grand Rapids: The Zondervan Corp., 1981), pp. 250-53.

신앙의 부흥을 토대로 이루어졌다는 점에서 오늘날의 사회교정적(社會矯正的)인 개혁의 움직임과는 궤를 달리하고, 오히려 한 세대 후에 일어났던 종교개혁과 그 성격이 유사하다. 교회의 역사를 통해 볼 때, 하나님께서 세속의 거대한 탁류 속에 뒤틀려 가는 기독교회의 모습을 회복시키시고 역사의 물줄기를 되돌려 놓으시는 일이 종종 있어 왔다. 그리고 이러한 역사는 반드시 그리스도인의 영적인 각성과 교회의 영광스러운 신앙부흥을 통하여 나타났음을 기억해야 한다. 또한 이러한 시기야말로 하나님이 하나님 되심과 교회가 하나님이 세우신 신적 기관임을 가장 잘 나타냈던 시기라는 것을 알 수 있다.

이런 시대에는 항상 하나님께서 특이한 능력으로 기름을 부으사 강단에 세우신 말씀의 종들이 있었으며, 그들은 하나님의 말씀을 설교로써 그 시대에 선포해야 한다는 내적 소명감에 불타고 있었던 하나님의 종들이었다. 기롤라모 사보나롤라는 비록 신학적으로는 그 시대에 어느 정도 묶여 있었으나, 설교를 통해 나타난 진리에 대한 통찰과 헌신, 그리고 하나님의 의로운 통치에 대한 그의 목마름 등은 모든 교회 시대의 걸출한 개혁자들 및 설교자들과 어깨를 겨루고도 남음이 있음에 주목해야 한다.

나라들의 생명과 진보, 그리고 세상 권세들의 융성과 몰락은 설교와 밀접한 관련이 있다. 이것은 결코 과장이 아니다. 사도 바울(St. Paul), 크리소스톰(A. Chrisostom), 어거스틴(A. Augustine)과 암브로시우스(Ambrosius), 베르나르드(Bernard of Clair-vaux), 위클리프(J. Wycliff)와 사보나롤라(G. Savona-rola), 그리고 루터(M. Luther), 칼빈(J. Calvin), 녹스(J. Knox), 에드워즈(J. Edwards), 윗필드(G. Whitefield), 웨슬리(J. Wesley) 등의 설교 사역을 보더라도 이 같은 진술은 과장이 아님을 알 수 있다. 그들은 모두 그 시대와 나라의 삶에 보다 심대한 영향을 끼쳤던 사람들이다. 그들은 세상의 도덕적인 수준과 관습에 대하여 설교로써 커다란 영향을 끼쳤던 사람들이다.[20] 따라서 교회의 역사는 곧 설교의 역사라고 해도 과언이 아니다.

그의 생애를 통해 지울 수 없는 인상은 무엇보다도 그가 위대한 설교자였다는 사실이다. 그의 모든 개혁 운동의 핵심에는 말씀 선포의 사역이 자리하고 있었고, 그의 선포 속에서 우리는 분명히 하나님이 불어넣으신 기운이 숨쉬고 있는 것을 느끼게 되며, 그의 설교 속에서 하나님이 그 영혼을 만지고 지나가신 자들에게서만 볼 수 있는, 하나님을 경험한 뛰어난 흔적이 있음을 보게 된다.

또한 그의 생애를 보면서 크게 감동받는 것은 그의 깊은 영성(靈性)과 넘치는 영력(靈力)이다. 앞서 말한 바와 같이 그의 사고 속에는 오랜 수도원 생활에서 비롯된 듯한 명상적이고

---

[20] 동시에 설교는 또한 당시대의 관습과 윤리적인 기준에 의하여 형성되는 면도 가지고 있다. Edwin Charles Dargan, *A History of Preaching: From the Apostolic Fathers to the Great Reformers* : A.D. 70-1573, vol.1. (Grands Rapids; Baker Book House, 1974), pp. 8-9.

신비적인 요소가 있다. 더욱이 그는 설교할 때 빈번히 말씀에 호소하기보다는 양심에 호소하는 경향이 있었다.[21] 그럼에도 불구하고 그는 세례 요한이 빈들에서 그러했던 것처럼 영혼 깊은 곳에서 하나님을 경험한 사람이었다. 설교할 때 회중을 압도하며 격류와 같이 흐르는 설교와 작열하는 영혼 속에서 터져 나오는 말씀의 생수들은 모두 그가 외치고 확신하는 바가 단지 교리적인 신념이나 사색의 결론이 아니라, 하나님께로부터 받았던 강한 영적 각성의 결과라고 보아야 할 것이다.

이제껏 여러 개신교의 작가들은 그의 생애를 흠모한 나머지 어느 정도는 그의 잘못들에 대해 관대한 묘사를 해 온 것이 사실이다. 그러나 필자는 이 글의 목적이 그의 생애를 단순히 역사 비평 하고자 하는 교회사가의 글도 아니고, 역사 연구를 위한 자료를 나열해 보는 것도 아님을 거듭 밝혀 둔다. 이러한 작업들은 다른 사람들에게 맡기기로 한다. 이제까지 사보나롤라의 생애에 대한 연구는 그가 중세 말기에 교회와 사회를 개혁한 인물이었다는 데 초점을 맞추어 왔다.

그러나 필자의 판단으로는, 그는 개혁가이기 이전에 설교자였음을 간과해서는 안 될 것 같다. 그는 타락한 교회의 갱신과 거룩함의 회복을 꿈꾸면서도, 자기 편을 모으거나 정치적 세력을 집결하기보다는 진리를 선포하는 데 온 힘을 기울였던

---

21) 정성구, 「改革主義設教學」(서울: 총신대학출판부, 1991), p. 124.

사람이었다. 우리는 그의 생애를 통하여 저물어 가는 중세의 어두움 속에서 온갖 약점에도 불구하고 그를 사용하신 하나님을 보아야 한다.

그리하여 오늘날 우리 시대의 교회가 근본적으로 결여하고 있는 것들을 직시하게 하고, 우리가 참으로 설교 사역의 위대함을 확신하지 않고 하나님의 말씀의 위대한 능력을 확신하지 않는 이 시대의 정신에 부동(浮動)한다면, 흑암 가운데 있는 세상은 소망이 없을 것이며, 세상은 임박한 하나님의 심판 앞에 더욱 자고해질 것이고, 또한 교회는 그 심판을 앞둔 도성 속에 잠들어 있는 성전의 모습을 피하기 어려우리라는 평범한 진리에 대해 함께 각성할 수 있어야 한다.

따라서 필자는 이 글을 씀에 있어서 기롤라모 사보나롤라를 설교자의 관점에서 파악하고 그의 설교 사역을 살펴보고자 한다. 그의 한계를 정직히 인식하도록 드러내면서도 선포 사역을 그토록 능하게 했던 그의 영적이고 내면적인 삶을 살펴보고자 한다.

플로렌스 시절의 사보나롤라

페라라의 소년

기롤라모 사보나롤라는 1452년 9월 14일 페라라(Ferara)라는 이탈리아의 도시에서 태어났으며, 어린 소년 시절부터 진지한 성격을 가졌다. 때는 개혁가 마틴 루터가 독일 아이슬레벤에서 출생하기 약 30년 전이었다. 그는 다섯 아들과 두 딸을 둔 가정의 일곱 자녀 중 셋째로 태어났다. 아버지는 별로 유명한 사람이 아니었으나, 어머니는 탁월한 성격을 가진 귀족 가문 출신의 여인이었다. 그는 매우 총명했으며, 부모들은 그가 의사가 되기를 바랐다.[22)]

그러나 그는 그 길을 걷기를 원치 않았기에 침울하고 고독한 젊은 시절을 보냈다. 아마도 그의 할아버지가 신앙심이 깊고

---

22) Kenneth Scott Latourette, *A History of Christianity; Beginnings to 1500*, vol.1.(New York: Harper & Row, 1975), p. 672.

학식 있는 의사로서 가난한 자들을 돌보는 데 헌신함으로 존경을 받았던 사람이기 때문에, 부모들은 그를 의사로 만들고자 했던 것 같다.23) 그는 부모로부터 의사가 되도록 권고 받고 있었기 때문에 아리스토텔레스(Aristoteles)를 열심히 읽었다. 아리스토텔레스의 철학에 대한 헬라어로 된 주해들까지 열심히 탐독했다. 그러나 이 위대한 헬라 철학자가 주는 감동은 잠시였고, 깊은 감화를 받지는 못했다. 이어서 플라톤(Platon)을 깊이 읽었는데, 그로부터는 아리스토텔레스보다 좀더 만족할 만한 교훈을 받았다.

그러나 그에게 결정적인 변화를 준 것은 토마스 아퀴나스의 저서들을 대한 것이었다. 특별히 그의 「신학대전」(*Summa Theologia*)을 탐독하면서 사보나롤라는 거기에서 영혼의 양식을 발견하게 되었다. 그가 자신의 온 마음과 일생을 오직 하나님께 바치기로 분명히 결신한 것도 바로 이 때로 생각된다.

그러나 무엇보다도 그에게 깊은 감화를 준 것은 성경이었다. 그는 성경을 매우 가까이 했으며, 설교 중에 성경 여기저기를 자유로이 정확하게 인용할 정도로 친숙하게 되어 갔다. 성경을 깊이 묵상하고, 아퀴나스의 저서들을 탐독해 가면서 그는 그 부패한 시대로 인하여 짓눌리곤 했던 마음에 구체적인 개혁의 비전을 갖기 시작했다. 후에 그는 이 시절에 자기가 받았던

---

23) Thomas Lindsay, 「宗敎改革史」(서울: 예장총회출판부, 1919), p. 9.

비전에 대해 다음과 같이 말했다. "그 비전들은 어린 시절에 이미 나의 마음속에 임했습니다. 나는 브레스키아에서 그것을 나타내 보이기 시작했습니다. 주님은 나를 그곳으로부터 이탈리아의 중심지인 플로렌스로 보내셨으니, 그것은 이탈리아의 위대한 개혁을 시작하게 하시기 위함이었습니다."

그는 어려서부터 탁월한 천재성이 있었으나, 그 당시 사회적으로 널리 퍼져 있던 장난과 경박스러움 속에서 젊은 시절을 보내지는 않았다. 그는 거의 모든 오락과 유희로부터 멀리 떨어져서 우울 속에 있었다. 어렸을 적부터 수줍음을 잘 타고 조용히 혼자 지내기를 좋아하는 성격이었다. 쾌활하고 발랄하기보다는 침착하고 부지런한 학생이었으며, 특별히 문학과 철학에 남다른 재능과 관심을 보였다. 그는 당시 경박하고 방탕했던 젊은이들과는 달리 교회의 부패와 영적인 무력감, 그리고 사회의 타락을 인하여 애통하는 마음을 가지고 있었다.

그는 아주 어린 소년 시절부터 주변 세상의 끊임없는 고통과 악을 보면서 입술을 살며시 깨물곤 하는 비통함을 느끼기 시작했는데, 이는 그가 어린 시절 이미 상당한 신앙을 가지고 있었음을 말해 주는 것이다. 그리고 점차 철이 들면서 세상을 향한 이러한 비감(悲感)은 더해 갔다. 마을에서 벌어지는 끊임없는 주연과 방탕한 모습은 그를 더욱 괴롭게 했다.[24] 경박해져

---

24) George M. Hardy, 앞의 책, pp. 14-5.

가는 교회의 미사와 높은 자리에 있는 사람들의 타락과 사회의 지도 계급에 있는 인물들의 후안무치한 삶, 심지어는 교회의 명망 있는 인사들의 타락상을 보면서, 그는 두려움에 사로잡히기도 했다. 이 같은 상황 속에서 기도 생활은 그의 유일한 위안이었다.

어린 시절 그의 성격은 다소 우수에 차 있는 듯했다. 특별히 젊은 시절에 에스테(Este) 공작 작위의 승계 문제를 놓고 싸움이 벌어졌을 때, 온 거리가 사람들의 피로 물든 광경을 보면서 인생과 세상이 더욱 공허하고 영적인 혼란의 현장 이상은 아무것도 아니라는 생각을 하게 되었다. 그럼에도 불구하고 이러한 시대의 악한 정황은 그로 하여금 더욱 무거운 부담을 느끼게 했다. 기도와 금식으로 보내는 날 수가 길어졌고, 교회당 안에서 고요히 무릎을 꿇고 묵상하는 시간들이 많아져 갔다.[25]

그는 이탈리아 독재자들의 화려하면서도 으스스한 궁전 곁을 지나면서 아래층 감옥에서 죄수들이 고통하는 신음 소리와 독재자들의 연회장에서 은접시 부딪히는 소리와 함께 들려오는 취객들의 야비하고 저속한 대화를 동시에 들으면서 치를 떨곤 했다. 이때 이탈리아는 비열한 폭군들과 사악한 사제들이 경쟁하듯이 음탕하고 방종하고 잔인하게 행하는 교황들과 귀족들의 지배 아래서 백성들이 고통당하던 시대였다.[26] 사보나롤

---

25) 앞의 책, p. 15.
26) 권덕규, "中世의 修道士 Girolamo Savonarola의 生涯를 通해 본 정복 活

라는 비록 어린 시절이었으나 교회와 그 시대를 향한 하나님의 은총이 떠난 것과 조국과 동포들이 하나님을 경외하고 그의 말씀을 지키는 거룩하고 의로운 삶을 저버린 것에 대해서 애통하며 탄식하는 마음을 가지고 있었다.

사보나롤라는 자라나면서 더욱 헌신적이고 경건한 사람이 되었고, 세상을 향해 고통하는 영혼을 금식과 기도로 달랬다. 이 시절부터 그의 기도 생활은 남달리 뛰어났다. 조용한 교회당에서 홀로 무릎을 꿇고 여러 시간을 기도로 보냈다. 그에게 있어서 가장 즐거운 시간 가운데 하나는 세속으로부터 마음을 닫고 명상하는 때였다. 그때마다 사보나롤라의 영혼은 한낮 동안에 사방에서 목격한 불의, 죄악, 패역 등을 인하여 찔림을 받았고, 그럴수록 그의 마음은 하나님의 의에 대한 열망으로 타올랐다. 부자들의 사치와 호화스러움과 함께 더욱 처참해져 가는 가난한 자들의 곤궁함이 그의 마음에 큰 고통이 되었다. 그는 후일 아버지에게 보내는 편지에서 이런 시(詩)를 지어서 자신의 심정을 토로했다.

"이 시대는 인생들의 불의와 타락
간음과 도적질
우상숭배와 신성모독에 몰두하고 있으며
의로운 이를 찾아볼 길 없어라.27)

動"(서울: 연세대학교 연합신학대학원석사논문, 1979), p. 20.

온 세상이 어지러우며 덕과 선이 혼란하도다.
반짝이는 빛줄기는 어디에도 보이지 아니하며
자기의 죄악을 부끄러워하는 이도 없구나….”

사보나롤라는 자기를 둘러싸고 있는 모든 환경이 오직 죄악을 행하기에 골몰하고 있는 것같이 느껴졌다. 그는 더욱 상심했고 슬픔과 비탄 속에 잠겨서 여러 시간을 눈물로 보내기가 일쑤였다. 그럴수록 그는 더욱 말이 적어졌으며, 은둔 가운데 하나님과 교제함으로 위로 받기를 즐겼다. 위대한 설교자들이 흔히 그러했듯이, 사보나롤라 역시 자연 속에 있는 시간들을 매우 즐겼다. 한적한 숲길이나 넓은 벌판을 배회하며 하나님 앞에 자신의 심정을 토로하기도 했다. 그래서 그는 자주 논둑길이나 강가를 거닐며, 때로는 노래하고 때로는 통곡하면서 영혼의 쓰라린 아픔과 주체할 수 없는 정염(情炎)을 눈물에 담기도 했다. 영적으로 크게 각성된 사람들에게 나타나는 제사장적 탄원이 그의 마음에 가득했던 것을 보게 된다.

하나님과 만나서 깊은 교제로 들어가는 기도 시간은 그에게 유일한 낙이었다. 이때부터 이미 그는 악하고 타락하며 방탕한 시대를 대적하기 위한 하늘의 도움을 구하기 시작했으며, 그가 이렇게 교회의 계단 앞에 엎드려 기도할 때면 흐르는 눈물이 그 계단을 적시곤 했다.

---
27) George M. Hardy, 앞의 책, p. 19.

이것은 모두 이미 청년 시절 이전부터 그의 마음속에 깊은 영적 각성과 시대를 향한 개혁자로서의 소명이 싹트고 있음을 보여주는 것이다. 그것은 하나님을 만남으로 말미암아 그의 마음의 내면 세계 속에 이루어진 하나님의 통치와는 다른 부조화와 거스름이 이 세상을 지배하고 있다는 사실을 깨달은 데서 오는 갈등이었다.[28]

　그러던 어느 날 그는 자기 옆집에 살고 있는 아리따운 소녀를 사랑하게 되었다. 이 사건을 통하여 그는 우울하던 묵상 생활에서 잠시 외도를 하게 된다. 그의 우울하던 성격은 밝게 변했고 어두운 그림자는 걷혔으며, 사물을 낙관적으로 보는 눈이 생기게 되었다. 잠시 뜨거운 사랑을 느꼈고, 그녀에게 사랑을 고백하지 않을 수 없는 단계에까지 이르게 되었다.

　그러는 와중에 교회를 향한 애통함과 시대를 향한 눈물은 잠시 걷히게 되었고, 그의 관심은 하나님에게서 멀어지고 그의 마음은 세속적인 사랑에 모든 것을 빼앗기게 되었다. 그러나 불행히도 그 사랑은 실패로 끝나고 말았다. 한동안 사귀어 오던 이 소녀는 교만하기 짝이 없던 스트로찌 가문의 여자였다. 그녀는 결국 기롤라모 사보나롤라의 가문이 한미(閑微)하다는 이유로 절교를 선언하고 그의 곁을 떠났다. 젊은 사보나롤라는 잠시 깊은 혼돈과 고통 가운데서 헤매었다.

---

[28] Justo L. Gonzales, 앞의 책, p. 217.

사보나롤라에게 이 사건은 참으로 충격적인 것이었다. 그러나 하나님은 이를 통하여 그에게 세상이 무엇인가를 보이셨다. 이 일을 통해 덧없는 세상의 본 모습을 깨달았고, 그러자 그는 즉시 잃어버렸던 교회에 대한 애통함과 세상과 동족에 대한 눈물로 돌아가게 되었다. 후일 그가 수도원에 들어간 후 그토록 엄격한 금욕과 절제에 자신을 복종시켰던 것도 이와 같은 일에 의해 영향받은 바 컸다. 그는 인간이 세속적인 정욕에 떨어지는 것이 거룩한 하나님과의 완전한 교제 가운데로 들어가는 데 얼마나 해로운 것인가를 몸소 경험했던 것이다. 그의 영혼은 오히려 이 사건을 통하여 새롭게 고양되었고, 자신이 고뇌하며 걷고자 하는 비전이 하나님께로부터 주어진 것임을 확인하게 되었다. 이제 그는 하나님의 부르심을 좀더 분명하게 느끼고 있었다.

교황 알렉산더 6세

세상을 떠나 수도원으로

그리하여 그는 격렬한 내면의 투쟁과 망설임 끝에 부모가 잠시 외출한 사이에 단신으로 수도원의 문을 두드렸으니, 이 때가 1475년 4월 24일 성 조오지(St. George)의 축일이었다. 사보나롤라의 전기 작가인 프라 베네데토(Fra Benedetto)에 의하면, 그는 집을 떠나기 직전 자기 어머니에게만은 자신의 심정을 토로했다고 한다.

그는 세속을 떠나 수도원으로 들어가려 한다는 고백을 마쳤을 때 조용히 류트(Lute-서양 현악기의 일종)를 집어들고 애처로운 음조로 현을 타기 시작했다. 사보나롤라가 애잔한 목소리로 노래를 부를 때 아들의 결심을 꺾을 수 없음을 안 그의 어머니는 슬픔어린 음성으로 울먹이며 말했다. "슬프구나. 사랑하는 내 아들아, 이것이 바로 우리의 이별의 징표로구나." 어머니는 목메어 울고 있었고, 사보나롤라는 눈을 들어 그녀를 쳐다보지도 못하고 고개를 떨군 채 류트만 타고 있었다. 현을 타는 사보나롤라의 손가락은 가녀리게 떨리고 있었고, 상심한 마음은 사랑하는 부모와 헤어질 생각에 흐느끼고 있었다. 이날이 바로 집을 떠나기 하루 전인 1475년 4월 23일의 일이었다.[29]

    그는 수도원에 들어가면서 "세상을 경멸함"이라는 시를 남겨 두었다. 거기서 그는 "이 세상은 너무나 타락하고 부패하여 하나님을 떠나 있으며 하나님께서 이 시대를 향하여 진노의 칼을 갈고 계심이 소돔과 고모라 성의 시대와 동일하다"라고 말했다. 그는 그 시대가 하나님께로 돌아오기 위하여 회개해야 한다는 확신을 갖고 있었다.

    그가 아버지를 위로하고 아무 말 없이 집을 떠날 수밖에 없었던 이유를 밝힘으로써 용서를 구하려고 편지를 쓴 것은 집을 떠난 지 이틀 후의 일이었다.[30] 사보나롤라는 이 편지에서 속세를 떠나 수도원으로 들어가지 않을 수 없었던 까닭을 밝힘으로써 아버지를 위로하고자 했다.

    "…저는 눈물로 세월을 보낼 수밖에 없었습니다. 제가 끔찍한 인간의 범죄와 방탕, 음란함과 도적질, 교만과 우상숭배, 심지어는 하나님을 모욕하는 신성모독을 목격했을 때 세상에서

---

[29] E. L. S. Horsburgh, *Girolamo Savonarola*(London; Methuen & Co. Ltd., 1913), pp. 38-9.
[30] George M. Hardy, 앞의 책, p. 19.

는 의로운 사람이 없음을 알았기 때문입니다. 아름다운 덕은 곳곳에서 경멸을 당하고, 오히려 더러운 악은 높임을 받고 있었습니다. 이것이 바로 세상에서 제가 겪어야 했던 고난이었습니다. 저는 날마다 주 예수 그리스도께 간구했습니다. 저를 이 죄악의 수렁에서 건지시고 갈 길을 보여 주시기를…."31)

그는 즉시 도미니크 교단 볼로냐(Bologna) 수도원에 들어가 수도사로서의 생활을 시작했다. 그러나 그가 수도원에 들어간 것은 결코 개혁가로서의 야심을 이루기 위해서가 아니었다. 한마디로 말해서 수도원으로 들어가는 사보나롤라에게 세상은 죄악으로 가득 차 있는 도성이었고, 거기서 산다는 것은 아무런 의미가 없었다. 그는 수도원에서 허드렛일을 하면서 일생을 보내더라도 죄악된 세상으로부터 멀리 떨어져 있고 싶었으며, 온 영혼으로 하나님께 가까이 다가가며, 그분과의 완전한 교제 속에서 살기를 원했다. 이것이 사보나롤라로 하여금 수도원으로 들어가게 한 가장 강한 동기였다.

여기서 우리는 그가 아퀴나스와 함께 수도원주의에 의해 깊은 영향을 받았다는 사실을 알 수 있다. 그때는 이미 수도원이 보편화되고 체계화되어 있었다. 수도원주의는 세상이나 세상에 있는 물질에 대한 포기와 이런 것들을 따라 살려는 자기에 대한 철저한 부정을 기초로 하고 있었다. 수도원에서 수도 생활

---

31) Ralph Roeder, *The Man of the Renaissance* (New York; The Viking Press, n.d), p. 4.

을 하는 수도자들에게 요구되는 중요한 덕목은 크게 세 가지로 제시될 수 있을 것이다.[32]

첫째는 청빈(淸貧)이었다. 그들은 물질에 대한 유혹이야말로 우리의 영혼으로 하여금 하나님을 바라보는 영적 생활에 정진하지 못하게 하는 적이라고 믿었다. 주님을 위하여 살려는 신앙과 헌신의 출발은 반드시 세상과 세상에 있는 물질적인 유혹을 물리치는 "세상 사랑을 버림"의 윤리라고 믿었다. 그들에게 "아무든지 나를 따라오려거든 자기를 부인하고 날마다 제 십자가를 지고 나를 좇을 것이니라"(눅 9:23)고 하신 예수님의 명령은 당연히 문자적으로 지켜야 하는 것이었다. 그리고 이것이 바로 주님의 제자가 되는 선서이며, 부모와 처자와 친척이나 재물과 명예를 버림으로써 세상에 대한 미련을 완전히 포기하는 것이야말로 주님을 따르는 시작이라고 믿었던 것이다.

둘째는 순결이었다. 이는 철저한 금욕을 통해 육체의 소욕을 부정하는 것으로 나타났다. 그들은 인간에게 있어서 가장

---

[32] 수도원주의는 일상적으로 이 세상에서 가능한 그 이상의 온전한 삶을 이루어 가기 위한 신앙적 바람에서 생겨났다. 따라서 '홀로'(nomos)라는 말에서 생겨난 '수도원'(monastery)의 수도사들의 가장 중요한 목표는 완전을 추구함으로써 개인적인 거룩함을 이루는 것이었다. 그리고 이 일을 위해서 그들은 세 가지를 맹세했는데, 그것이 바로 청빈, 순결, 복종이었다. 그 중에서도 세 번째 덕목이 크게 중시되었다. 기독교의 수도원 제도는 이집트에서 성 안토니(St. Antony)에 의해 처음 시작되었으며, 그 후 주후 4세기경에 서구에 들어오게 되었다. cf. F. L. Cross & E. A. Livingstone, *The Oxford Dictionary of the Christian Church*(New York; Oxford Univ. Press, 1974), p. 930.

강력한 육체의 욕구는 성(性)이라고 보았으며, 주님을 따르는 참 제자가 되기 위해서는 이런 것에 대한 욕망을 철저히 끊어야 한다고 보았다. 이러한 육체의 욕망에 붙잡히는 것은 구속(拘束)하는 사슬에 영혼을 내어 주는 것과 같다고 생각했다. 비록 모든 사람이 이처럼 육체적 욕망을 전부 버릴 수 있다고 믿지는 않았으나, 더 깊은 하나님과의 사귐, 더 거룩한 영적 교제, 더 심오한 신비의 체험으로 나아가고자 하는 수도사들은 마땅히 이런 욕망들로부터 멀리 떠나야 한다고 생각했다.

사보나롤라는 이러한 당시대의 수도원주의적인 사고에 대하여 전적으로 동의했다. 이런 점에서 그는 그 시대의 아들이었다고 말할 수 있다. 사보나롤라는 성경을 읽고 묵상하는 가운데 상당히 개신교 신앙에 가까운 기독교의 복음들을 재발견했음에도 불구하고 교리적인 개혁가는 아니었다. 위클리프와 거의 같은 시대를 살았으면서도 두 사람의 생애가 대조되는 것은 바로 이 점에 있어서다. 아무튼 그 시대의 수도원주의는 주님을 온전히 따르기 위해서는 주님을 위하여 고자(鼓子)가 되어야 한다고 믿었으며, 엄격한 금욕으로 독신 생활을 하는 것을 두 번째 덕목으로 이해했다.

셋째는 철저한 복종이었다. 이것은 수도사들이 서원하는 세 가지 덕목 중에 가장 중요한 것이었다. 수도원주의에서 하나님과 교회 질서에 대한 철저한 복종은 매우 중요한 특징이었다. 그들은 그와 같이 교회의 질서에 복종하는 것이 교회를 모든 부패와 방종과 무지와 악으로부터 건지는 첩경이라고 보았으며, 사보나롤라도 이 같은 당시의 정신에 크게 반항하지 않았다. 패역한 교황 알렉산더 6세가 하나님이 세운 교황이 아니라고 확신하기까지, 그는 교황과 교회의 명령에 할 수 있는 한 복종하려고 했다. 이 점에 있어서 그는 당시 교회와 그 복음의 깨달음과 실천에 있어서 로마 교회와 크게 달랐으면서도 복종의 길을 걸었던 앗씨시의 성자 프란시스와 견줄 수 있다.

이렇게 수도원에 들어간 사보나롤라의 가장 중요한 소원은 어찌하든지 세상의 죄악으로부터 떠나 참회하는 삶을 살고, 하나님과의 깊은 영적 교제 속에서 위로와 힘을 얻는 것이었다.33)

수도원에 들어온 이후 그는 자신을 쳐서 복종시키는 경건의 삶에 남다른 열심을 보였다. 그의 금식은 철저했고, 온밤을 홀로 기도하면서 보내는 일이 빈번했다. 그는 철저히 금식하면서 소식 위주의 식사를 했다. 음식을 통하여 기쁨을 얻는 것이 마음의 방탕의 시작이 될 수 있다고 믿었던 것 같다. 그는 오직 생명을 유지하기 위하여 필요한 최소한의 식사를 했다. 그의 옷은 언제나 청결했지만, 수도원에서 가장 낡고 조잡하고 천한 차림이었다.

그래서 수도원의 동료들 중에 어떤 사람은 수도원에서의 그의 모습이 수도사들 사이를 오가는 귀신과 같은 모습이었다

---

33) Justo L. Gonzales, 앞의 책, p. 218.

고 하기도 했다. 그의 수도 생활과 금식은 너무나 철저하고 혹심한 것이어서 건강에 심각한 위협을 줄 정도였다. 그래서 수도원의 상급자들은 그가 금식하는 것을 강제로 말릴 정도였다. 이러한 수도 생활은 후일 그가 플로렌스의 통치자가 되었을 때 백성들에게 엄격한 경건을 요구하는 배경이 되기도 했다. 그는 열정적인 웅변과 실천적인 정치가로서의 타고난 재능이 있었다. 그럼에도 불구하고 그러한 재능을 펼 수 있는 기회보다는 오히려 사랑과 자비와 복종 가운데서 노동과 묵상으로 7년간을 보냈다. 후일 사보나롤라는 볼로냐의 수도원에서 보낸 기간이 일생에서 가장 평화롭고 행복한 때였다고 술회했다.[34]

중세 후기에 타락한 사회와 교회, 화석화되어 가는 교리 중심의 신앙 생활에 대한 반발로 생겨난 신비주의는 이 수도원주의와 밀접한 관계를 갖고 있다. 그러한 신비주의의 중심지가 바로 수도원이었기 때문이다. 사보나롤라는 열렬히 수도원주의를 추종한 사람이었으나, 전형적인 신비주의자는 아니었다. 그러나 그에게는 분명히 신비주의적인 성향이 있었다. 환상과 예언에 대한 중시, 그리고 기도할 때 신적인 계시가 임한다는 확신 같은 것들은 바로 하나님과의 직접적인 교통임을 강조하는 신비주의의 영향이었음을 부인하기가 어렵다.[35]

---

[34] E. L. S. Horsburgh, 앞의 책, p. 43.
[35] Lucas Hebert, *Fra Girolamo Savonarola*(London; Souls & Company, 1819), p. 39. 권덕규, 앞의 논문, p. 465에서 재인용.

그는 사람이 회개를 통하지 않고는 믿음의 길로 들어설 수 없다는 것을 믿고 있었다. 따라서 사람은 자신이 존재하는 이유와 하나님이 자기를 만드신 목적을 앎으로써 비로소 회개하여 참된 믿음의 길로 돌아올 수 있다는 사실에 대해서 늘 확신하고 있었다. 하나님께서 인간을 창조하신 참된 목적을 깨닫게 되는 것은 이 세상이나 세상에 있는 것들을 추구함으로써 얻어지는 것이 아니라, 인생 건너편에 있는 영원한 하늘나라를 바람으로써 얻어진다고 믿었다. 그리고 모든 사람들은 이 같은 믿음의 추구를 위하여 진지한 노력을 기울여야 한다고 생각하고 있었다.

그는 이 점에 대하여 말하기를 "우리가 이 세상에서도 부분적으로는 인생의 목적에 대한 부분적인 깨달음을 가질 수는 있다. 그러나 그것은 오직 믿음과 소망, 그리고 사랑으로 하나님과 합일됨으로써만 가능하다. 그리고 우리가 이렇게 하나님과 연합되는 것은 오직 이 세상의 부와 명예와 쾌락을 경멸함으로써만 도달될 수 있다"고 말했다.[36] 그의 이 같은 경향은 아퀴나스로부터 받은 영향을 단적으로 대변해 주는 것이다.

결국 인생과 영적 삶에 관한 그의 견해는 참되고 영원한 가치를 위하여 살기 위해서는 세상에 있는 것들을 아낌없이 버려야 하며, 삶이 이처럼 단순한 것이 될 때 비로소 그리스도

---

36) 앞의 책.

를 따라가는 것이 가능해진다는 것이었다. 온갖 화려한 모피와 가죽 구두로 치장을 한 채 물 속을 헤엄칠 수 없고, 아름다운 장신구와 화려한 목도리, 늘어진 옷을 걸치고 달음박질할 수 없듯이 세상에 대한 심적인 미련과 육체를 위한 삶에 대해 끊지 못하는 탐닉은 영적인 경주를 불가능하게 한다는 것이었다. 이 점에서도 우리는 복음서를 읽고 회심을 경험함으로써 성경에 제시된 하나님의 말씀을 문자적으로 실천하려고 했던 성 프란시스의 모습을 다시 읽게 된다.

한편, 사보나롤라의 가출 사실을 알게 된 아버지는 아들의 거처를 백방으로 수소문하여 집으로 돌아오도록 종용했으나, 그는 편지를 통해 정중하고 간곡하게 자신의 결심을 밝혔다. 그럼에도 불구하고 계속해서 집으로 돌아오라는 편지가 당도하자 그는 "행악하는 자들아 너희는 다 내게서 떠나라 여호와께서 내 곡성을 들으셨도다"(시 6:8)라는 성경 구절을 인용하면서 아버지에게 답장을 보냈고, 이것이 아버지와 연락을 주고받은 마지막이 되었다. 수도원으로 들어가면서 사보나롤라는 성경과 아퀴나스와 어거스틴의 글을 더욱 탐독했고, 그들의 신학 사상에 견고한 신앙의 기틀을 세웠다.

특별히 이 시기와 산 마르코 수도원에서 있었던 기간 동안에 성경은 그에게 일생을 두고 지울 수 없는 깊은 감화를 주었으며 그의 삶과 신앙에 있어서 가장 최종적인 권위의 원천이 되었다. 그는 이 시절에 성경을 거의 암기할 정도로 가까이

했으며 특별히 구약을 즐겨 읽었다. 선지자들이 불을 토하는 것과 같은 정염(情炎)으로 그 시대를 향하여 공격하며 하나님의 뜻을 증거해 주는 장면 속에서 그는 자주 자기가 당대의 선지자로 부름 받았다는 강한 의식을 느꼈다. 이때 그의 나이는 23세였다.

수도원이라는 환경은 그로 하여금 더욱 열렬히 금욕주의적 생활 속으로 자신을 던질 수 있게 했다. 도미니크파 볼로냐 수도원에서도 사보나롤라는 매우 민감하고 열성적이었다. 그러한 민감한 영적 지각과 하나님을 향한 열정은 그로 하여금 자기가 목격하고 있는 교회의 부패에 대해 심각한 슬픔에 잠기게 했다. 그는 일찍이 하나님의 부르심을 받아 거룩한 생활을 하는 것이 유일한 소원이었고, 하나님과의 깊은 영적 교제로 들어가는 것이 대치할 수 없는 인생의 목표였기 때문에 수도원에서의 금식과 고행은 전혀 힘겨운 것이 아니었다. 그는 그곳에서 7년을 지냈다. 그의 뛰어난 경건 생활과 탁월한 종교적 열성은 많은 수도사들의 존경을 받게 했다.[37]

사보나롤라가 설교자로서의 본격적인 준비가 이루어진 때도 바로 이 볼로냐 수도원에 있는 동안이었다. 그는 이러한 하나님 앞에 홀로 서는 영적인 훈련 가운데서 보다 넓은 세계에서의 힘있는 사역을 위하여 준비하게 되었다.

---

[37] 맹용길 편, 「세계명설교대전집」 제1권(인천; 성서연구사, 1984), p. 407.

우리는 여기서 하나님께서 한 시대를 영적으로 각성시키고 신앙의 부흥을 가져오게 하는 도구로 사용하셨던 인물들의 공통점을 보게 된다. 그들은 모두 상당한 기간 동안 이처럼 하나님을 추구했던 사람들이었고, 그러한 추구를 통해서 그들의 영혼은 순결을 갈망하게 되었으며, 죄악에 대해 민감한 자들이 되었다. 그리고 하나님께서는 이처럼 간구하는 영혼들에게 임재의 은총을 내리사 하나님의 거룩하신 성품을 경험하게 하셨다. 우리 믿음의 위대한 선진들은 사역으로 나아가기 전에 이처럼 스스로 상한 심령이 되어 그분 스스로 행하실 위대한 일을 기다리며 영적인 준비를 갈망했다. 이 점에서 우리는 얼마나 초라한 사람들인가? 그럼에도 불구하고 우리 마음은 얼마나 부요한가? 하나님, 우리의 영혼에도 이 같은 준비가 필요함을 절박히 느끼게 하옵소서!

도미니크파의 종단(宗團) 질서는 근본적으로 설교하는 직제를 기초로 하고 있었다. 그래서 사보나롤라는 얼마 후 설교할 수 있는 직분을 얻었다. 1481년 그는 자기 고향인 페라라(Ferara)에서 일련의 설교를 하도록 파송되었는데, 이것이 바로 그의 설교 사역의 시작이었다. 그러나 교황 식스투스 4세의 정책으로 야기된 불화로 인하여 그는 플로렌스로 보냄을 받았다.[38]

---

[38] E. L. S. Horsburgh, 앞의 책, pp. 43-4. 또한 도미니크파의 영성에 관해서는 Leclercq Jean Francois Vanderbroucke & Louis Bouyer, 앞의 책, pp. 319-35를 참고할 것.

플로렌스로 온 사보나롤라는 산 마르코의 작은 수도원으로 옮겨 오게 되었다. 이때가 1482년이었다. 비록 작은 수도원이었지만 거기서 그는 흐트러진 수도사들에게 보다 엄격한 금욕주의를 따라 살 것을 촉구했는데, 이 일로 인하여 그는 많은 사람들의 주목을 받기 시작했다. 거기에는 수도사들을 위한 훌륭한 도서관이 있었고, 뛰어난 장서들이 그의 지적인 욕구를 자극하고 있었다. 그러나 그는 이곳에서 여러 철학자들의 글보다는 성경을 읽고 묵상하는 데 열정을 쏟았다.

그의 뛰어난 경건과 학문과 인격은 그로 하여금 산 마르코에 들어온 이듬해에 견습 수도사들을 가르치는 교사의 자리에 오르게 했고, 이윽고 수도원에서 하나님의 말씀을 설교할 수 있는 권한을 얻게 했다. 교사가 된 사보나롤라는 당시 수도사들이 공부에 몰두하곤 하던 여러 가지 철학과 신학을 가르치는 대신에, 성경을 자기 과목의 교과서로 사용할 정도로 하나님의 말씀에 대한 깊은 확신과 사랑을 갖고 있었다. 그가 여러 면에서 중세 시대와 로마 가톨릭 교회라는 체제와 신비주의적인 요소가 남아 있는 수도원주의라는 시대 정신의 아들임에도 불구하고, 종교개혁 이후의 시대를 살고 있는 우리에게 친근하게 느껴지는 것도 바로 성경에 대한 이 같은 사랑과 헌신 때문이다.

그는 많은 독서와 명상을 통해 해박한 신학 지식을 지니고 있었으며, 설교에 대해 뛰어난 관심과 소명을 느끼고 있었다.

기롤라모 사보나롤라

그의 강의와 설교는 하나님의 임박한 심판, 두려움, 하나님의 복수 등의 긴박한 의식으로 가득 차 있었다. 도미니크 수도원에서 7년 간의 신학 공부를 마친 후 설교자로 파송 받았을 때 그는 페라라를 비롯하여 브레스키아, 산 게미냐노, 플로렌스 등지에서 설교하면서 악인들에게 임박한 하나님의 두려운 심판을 여러 차례 설교했으나, 그 성과는 기대한 바에 훨씬 못 미치는 것이었다. 플로렌스에 가서 설교하기도 했는데, 모인 회중들의 수도 소수였고 별로 깊은 감명을 주지도 못했다. 어떤 곳에서는 다소 감명을 주기도 했지만, 그 성과가 얼마나 초라했던지 설교하기를 단념하려고 할 정도였다.

이때 그는 잠시 자신의 설교 사역에 대하여 회의를 느꼈고, 그래서 설교를 단념하고 가르치는 일에 전념했다. 그는 후에 산 마르코 수도원의 원장이 되었으며, 그 수도원 안에 개혁 수도회를 창설했다. 그리고 꾸준히 자신과 남을 위해 활동했다. 수도원 안에 있으면서 그는 종교의 세계를 그 내부로부터 관찰할 수 있었으며, 그것을 통해 그는 더 큰 충격과 고민에 직면하지 않을 수 없었다. 그는 수도사로서의 생활을 통하여 전에 감지했던 교회의 부패와 교권의 타락에 관하여 더 분명한 증거들을 직접 목격하게 되었다. 교회의 엄청난 추문과 교권의 비리, 그리고 성직자들의 타락상을 보게 되었던 것이다. 이러한 일들은 훗날 그의 사역의 방향을 특징짓는 전기(轉機)가 되었다고 할 수 있다.

앞서 말한 바와 같이 기롤라모 사보나롤라는 플로렌스에 가서도 가르치고 설교할 기회가 있었다. 그는 불타오르는 마음으로 설교했으나 청중들에게 별 반향을 불러일으키지 못했다. 페라라에서와 마찬가지로 플로렌스에서도 설교자로서 그의 출발은 너무나 보잘것없었고, 따라서 설교자로서 대성할 것 같지도 않았다. 무엇보다도 그의 강직한 설교는 쾌락을 사랑하는 이탈리아 사람들에게 큰 감명으로 다가오지 않았다.

그때 마리아노(Mariano)라는 설교자가 있었는데, 그는 어거스틴파 수도원의 수도사였다. 그의 설교는 사보나롤라와 같지 않았다. 그의 설교의 핵심은 인간들의 죄를 지적하고 불의를 꾸짖는 대신에, 당대의 지성인들로 하여금 귀 기울이게 하던 철학과 천문학, 시 등으로 사람들의 환심을 사고 있었다. 수많은 사람들이 마리아노를 당시대의 설교의 태양처럼 여기며 몰려들었다.[39]

그러나 사보나롤라는 이 같은 실패 속에서 오히려 그 시대의 죄악을 더 깊이 보게 되었으며, 하나님의 말씀 앞으로 나아오기를 거부하는 교묘한 사악함들을 헤아리게 되었다. 사보나롤라에게 있어서 이 사건은 설교자로서의 중요한 각성의 계기

---

[39] 제임스 G. 로슨,「위대한 靈性人」, 엄성옥 역(서울: 도서출판 은성, 1990) p. 22. 후에 이 사람은 로렌조에게 고용되어 사보나롤라를 비난했다. 그러나 그 때는 이미 사보나롤라의 설교가 플로렌스에 큰 영향을 끼치고 있었으므로 마리아노의 유창한 웅변과 수사학적인 말투로 사보나롤라를 비난하는 설교는 플로렌스 회중들에게 아무런 영향도 주지 못했다.

가 되었다.

어떤 시대든지 회개를 촉구하는 하나님의 말씀이 환영받았던 때는 없었다. 그럼에도 불구하고 하나님을 떠난 한 시대와 교회를 하나님 앞으로 돌아오게 하고, 그 거룩하신 성품 앞에 서게 만들어 주는 일은 모두 회개의 선포를 통해서 일어났다(눅 1:16, 3:3). 그리고 그러한 선포는 순결한 영혼으로 주님을 만난 사람들에게 주어졌고, 설교자의 영혼 속에 경험된 거룩하신 하나님의 성품이 그로 하여금 선포하게 하는 능력의 원천이 되었다. 우리 시대는 어떠한가? 무엇으로 하나님을 떠나 있는 이 시대를 아버지께 돌아오게 하고, 누구에 의해 복음의 능력을 상실해 가는 조국의 교회는 깨어나 하나님 앞으로 돌아올 것인가?

사보나롤라가 설교자로서의 새로운 결심을 굳힌 것도 이 때였다. 그는 더욱 그 시대의 죄와 불의한 악에 설교로써 도전하기를 원했으며, 또한 교회가 삶의 행동이 수반되지 않는 외식을 버리고 하나님께 돌아오게 하는 것은 오직 단순하고 순전하게 진리를 전함으로써 가능해진다는 확신을 갖게 되었다.

1484년 그는 시에나(Siena) 언덕에 있는 산 게미냐노 동네로 파송되어 거기서 설교를 했다. 그는 거기서 처음으로 세 가지 예언자적인 명제를 설교하기 시작했다. 즉 "첫째로 이 시대의 교회는 하나님의 채찍을 맞게 될 것이다. 둘째로 교회는 그를 통하여 새로워질 것이다. 그리고 셋째로 이 모든 일들은 신속히 성취될 것이다"40)라는 것이었다. 그의 설교는 이러한 세 가지 예언적인 특징 안에서 전개되어 갔다. 그의 설교는 불을 토하는 것같이 열정적이었으며, 사보나롤라 자신도 확신과 자신을 가지고 설교를 하기 시작했다. 여기에서의 설교는 큰 성공을 거두었다. 평민들과 귀족들을 모두 자극시켰으며, 커다란 반향을 불러일으켰다.

설교 속에 녹아내리는 예언자적인 열정과 선포 속에 뒤웅치는 뚜렷한 영감은 존경과 두려움을 불러일으켰고, 그의 명성은 점점 널리 알려지기 시작했다. 그 후 만 4년 동안 북부 이탈리아를 돌아다니며 설교를 계속했다. 1490년 피코 델라미란돌라(Picco della Mirandola)는 그의 친구이며 후원자인 로렌조 드 메디치(Lorenzo de Medici)를 권면하여 사보나롤라를 플로렌스로 다시 불러들였다. 그리하여 그는 다시 산 마르코 수도원 교회의 설교단에 서게 되었다. 그의 설교는 대단한 반응을 불러일으키며 계속되었다. 사람들의 기대와 호기심은 대단해서 그의 얼굴을 보거나 목소리만이라도 들을 수 있기를 간절히 원할 정도였다.

일찍이 산 마르코 수도원에 있을 때부터 부패를 향한 그의 예언자적인 질타는 그 이전에도 이미 알려져 있었다. 1482년 레지오 드 에밀라에서 개최된 도미니크 수도회 총회에 그는

---

40) 정성구, 앞의 책, p. 124.

자기가 소속한 마르코 수도원의 대표로 참석하게 되었다. 첫째 날 수도사들이 교리 문제를 놓고 토론할 때 그는 고요히 침묵을 지켰다. 그러나 이튿날 타락한 교직자들에 대한 징계 문제가 거론되자 그는 자리에서 일어났고, 타오르는 듯한 어조로 당시의 교회와 성직자들의 타락과 더러운 부패상을 호되게 질타했다. 이때 그의 영혼은 작렬했고, 그의 말은 설교가 되어 급류와 같이 흘러 내렸다.

사보나롤라는 수도원의 양심이며 시대의 예언자로 인정받기 시작했다. 그는 하나님의 심판이 곧 임할 것이라는 불타오르는 확신을 갖고 있었으며, 설교할 때마다 이 같은 확신은 급류와 같이 회중을 향하여 흘러 나갔다. 그는 항상 설교를 듣는 모든 사람들에게 늦기 전에 회개하라고 촉구했고, 이 같은 준엄한 메시지에도 불구하고 그의 설교를 듣는 회중들은 눈덩이처럼 불어 갔다.

허영의 화형식

플로렌스의 세례 요한

당시 사보나롤라는 플로렌스의 문예부흥을 돕기 위해 후원하던, 지도자였던 메디치 가의 로렌조(Lorenzo de Medici)와 마주쳐야 했다. 당시에 발흥하던 르네상스는 그 본거지인 이탈리아로 하여금 더 급속히 하나님을 떠나게 만들고 있었다. 교회와 성직자들과 학자들은 비록 형식적으로는 중세의 신학을 받아들이고 있었으나, 문예부흥 운동이라는 그 시대의 정신에 의해 깊이 영향을 받고 있었다. 수많은 학자들은 이교사상에 물들어 있었고, 관능주의에 빠져 있었다.

중세의 속박으로부터 벗어난 이들의 관심과 추구는 크게 두 가지로 요약될 수 있다. 즉 하나는 하나님에 대한 관심으로부터 인간의 전체적인 본성(the full, whole nature of man)에 대한 추구였고, 또 하나는 바깥 세상에 대한 관심이었다. 이탈리아 사람들은 특히 십자군 전쟁을 통하여 바깥 세상을 새롭게 경험하게 되었다. 이것은 여행과 모험을 촉진시켰고, 새로운 세계에 대한 동경을 불러일으켰다. 그리고 그들이 동방과 접촉을 갖게 된 후로, 관심은 조국의 이익보다는 상업적인 교류 쪽으로 기울게 되었다.[41]

따라서 당시 유럽의 중세 사회에는 혼합적인 타락이 증대되었다. 무엇보다도 심각한 것은 인간에 대한 이해의 변화였다. 인간은 타락한 존재로서 절대자이신 하나님의 은총과 계시로써만 진리를 알 뿐이라고 하는 전통적인 신앙고백은 "인간은 신의 진리를 이해할 수 있다"라는 주장으로 변하게 되었다.[42] 사람들은 초자연적인 것보다는 보이는 세계 안에 있는 사물 등에 대하여 관심을 갖게 되었다. 유명론자들은 교회가 견지해 온 초월적인 진리에 대한 주장을 거부하면서 사람들의 회의(悔擬)를 부채질했다.

이미 영적으로 쇠약해질 대로 쇠약해진 교회는 이러한 시대 정신을 바로잡을 영향력을 잃어버리고 있었다. 교황청부터가 십자가의 복음보다는 르네상스의 영광에 심취하는 자들의 손에 떨어지게 되었다. 특히 로렌조 벨라(Lorenzo Bella)와 쿠사의 니콜라스(Nicolas of Cusa)가 콘스탄틴의 헌물 증서가 가짜임을 드러내자 교황청에 대한 세상 사람들의 불신은 더욱 깊어지

---

[41] Jacob Burckhart, 앞의 책, p. 303.
[42] Clyde L. Manschreck, 앞의 책, p. 275.

게 되었다. 교황들은 전쟁과 탐욕을 통하여 고대 로마의 영광을 되찾고자 했다.43)

종교개혁 이전인 이 시대를 가리켜 '상냥하고 사랑스러운 처녀'라고 부른 자들이 있었다. 이것은 화려한 미신에 장중한 성당, 난간을 끼고 회중들로부터 멀리 떨어져 있는 엄숙하게 꾸며진 제단, 그윽한 향불과 복잡한 예배의식, 질서정연한 행렬 그리고 화려하고 장엄한 음악, 이런 것들을 회상하며 황홀한 추억에 빠지는 자들의 말이다. 이들은 교회의 고위 성직자들, 특별히 교황의 위풍이 교회의 거룩한 권위를 더해 준다고 믿던 자들이다.44)

천 년이 넘는 세월 동안 설교는 로마 교회에서 사라져 버렸다. 대신 점차적으로 잡다한 의례와 예식이 생겨나게 되었다. 성직자들의 복장은 이미 오래 전부터 로마 제국 시대 관료의 것을 닮아 갔다. 특별히 미사 때가 되면 집례 신부가 예수님의 살과 피를 새삼스럽게 희생 제물로 바친다고 고백했다. 제단은 숭배의 대상이 되었고, 사제는 스스로 그 제단의 빵과 포도주를 단번에 예수님의 살과 피로 바꿀 수 있는 능력을 가진 자라고 주장했다. 하나님의 은혜는 오직 성례의 집행을 통해서 죄인들에게 불가항력적으로 주입된다(Gratia Infusa)는 것이다. 교회당

---

43) *Ibid.*, cf. Justo L. Gonzales, 앞의 책. p. 15.
44) A. M. Renwick, 「스코틀랜드 宗敎改革史」, 홍치모 역(서울: 생명의말씀사, 1980), p. 15.

에서 하는 일이라고는 사제가 의식을 집례하는 것이 전부였다. 설교는 사라져 버렸고, 진리가 선포되는 강단은 촛대를 올려놓는 제단으로 바뀌었다.

이미 수 세기 전부터 교회의 회의(會儀)나 집회 때마다 엄청난 악습을 개정하라는 요구가 높아져 갔다. 그러나 교회의 고위 성직자들 속에서는 변화가 일어나고 있지 않았다. 교회의 치욕이 되는 부패를 제거하자는 주장들이 비등했다. 그렇지만 말들만 무성할 뿐이었지, 교회의 도덕적 상태는 여전히 개탄스러울 지경이었다. 긴 복도와 창살 모양의 화려한 천정에 울려나는 노래 소리는 장중했으나, 교회의 영적인 형편은 퇴락할 대로 퇴락해져 있었다.[45]

사보나롤라는 이탈리아의 여러 지역을 여행하면서 설교를 계속했는데, 설교의 능력도 차츰 향상되었으며 스타일도 세련되어 갔다. 그는 불을 토하는 것 같은 설교로 당시의 패역한 지식인들과 쓸데없는 사치와 허영에 빠져 있는 귀족 여성들, 그리고 노예적인 생활에 익숙해져 있는 무지한 대중들을 동시에 질타했다. 그의 설교의 핵심은 "타락한 조국 플로렌스여,

---

[45] 앞의 책, pp. 16-7. 1512년 성직자 회의에서 성 바울 대학 학장 존 콜레트(John Colet)가 행한 설교는 당시 유럽의 공통된 형편을 말해 준다. "몸은 영혼을 따르기 마련이다. 국가의 통치자들이 그러하다면, 그 국민들도 그렇게 되는 법이다." 그리고 나서는 당시 유행하던 교회의 엄청난 악습을 신랄하게 비판했다. Lindsay, *The Reformation*, vol. 1. pp. 165ff. *Ibid*., p. 17에서 재인용.

하나님께로 돌아오라. 그가 너를 심판하시리라"는 것이었다. 사보나롤라는 플로렌스를 이처럼 신앙적으로 황폐한 도시로 만든 주범이 바로 타락한 교회와 르네상스를 지원하는 부패한 세속 통치자 메디치 가의 로렌조라고 믿었다. 따라서 사보나롤라의 설교에서는 시민들의 죄악상과 함께 부패한 정권의 지도자 로렌조가 늘 표적이 되었다.

그래서 로렌조는 사보나롤라로 하여금 시민들의 죄와 자신의 부패를 탄핵하는 설교를 하지 말도록 협박을 하기도 하고 아첨을 하기도 하며 뇌물을 보내기도 했다. 심지어는 다른 설교자를 동원해 그를 정신병자로 매도하기도 했다.[46] 그럼에도 불구하고 사보나롤라는 매번 부패한 조국 플로렌스의 죄악을 눈물로 고발했고, 임박한 하나님의 심판을 알리는 나팔을 불었다.

사람들은 그의 설교를 들었고, 작렬하는 영혼 속에서 쏟아져 나오는 하나님의 의에 대한 선포는 천둥 소리와 같은 감동으로 다가왔다. 교회는 조국의 죄악을 인하여 애통하며 통곡하는 소리로 가득 찼으며, 사람들의 마음은 거룩한 하나님의 의(義)를 갈망하는 마음으로 충만하게 되었다. 그의 능력 있는 설교 앞에서는 남자든 여자든 노동자든 시인이든 철학자든 정치가든

---

[46] 이때 로렌조가 고용한 사람은 당시 유명한 설교자였던 마리아노 수사였다. 그는 웅변에 능한 사람이었고 설교에도 수사학적으로 매우 능했으나 사보나롤라를 비난하는 일에 별로 성과를 거두지 못했으므로 스스로가 그런 설교를 그만두었다.

모두가 흐느껴 울었다. 자신의 죄악과 조국의 죄악, 교회의 타락을 인하여 애통했다. 기롤라모 사보나롤라는 설교를 통하여 그 시대의 사람들을 잊었던 거룩한 하나님 앞에 세워 주었다.

한편, 그는 수도원에서 동료 수도사들에게 성경을 강해하기 시작했다. 이 성경 강해는 수도사들에게 충격적인 것이었다. 수도원에서도 성경은 이미 초보적인 책으로 취급되고 있었고, 오히려 철학책이 환영을 받았다. 그러나 사보나롤라의 성경 강해로 말미암아 오랫동안 끊어졌던 말씀에 대한 선포와 예언에 대한 증거가 다시 계속되었다. 강단에서 쏟아지는 유창한 언어와 영감에 찬 성경 해석ー어떤 때는 지나친 알레고리로 흐르기도 했지만ー은 그들로 하여금 기독교 신앙에 대한 새로운 지평을 열어 주었다. 생명이 없는 중세 철학과 번쇄한 논리에 목마른 이 수도사들에게 새로운 생명의 생수를 맛보게 했던 것이다.

산 마르코 수도원의 정원 한 모퉁이에서 조촐하게 시작된 이 작은 모임은 점점 회집하는 숫자가 늘어서 장소를 옮겨야 했다. 이때 강해한 본문이 요한계시록이었다. 그의 설교를 들었던 플로렌스의 평신도들이 그 성경 강해를 듣기 위하여 수도원으로 대거 몰려 왔기 때문에 집회 장소를 정원에서 교회당으로 옮겨야 했고, 이에 따라 그의 강연은 점차 설교로 변하기 시작했다.

설교 장소를 옮긴 첫날 예배에는 얼마나 많은 사람들이

모였던지 많은 사람들이 좌석에 다 앉지 못하고 선 채로 예배를 드려야 했으며, 철책에 매달려서 설교를 듣는 사람들도 있었다. 사보나롤라의 음성은 초인적인 설득력을 지녔으며, 청중들은 황홀경에 이르게 되었다. 장시간 설교가 계속되었으나 사람들은 온 마음을 다하여 선포되는 말씀에 주의를 기울였고, 설교가 다 끝났는데도 이제 막 시작했다고 여길 정도였다.[47]

    그날 예배가 끝난 후, 플로렌스에서 온 회중들과 수도사들은 모두 깊은 감격에 사로잡혔고, 밤 늦도록 사보나롤라와 그의 설교에 대한 이야기로 시간 가는 줄을 몰랐다. 점차 아주 높은 지식층의 식자들까지도 사보나롤라의 설교를 들으려고 몰려왔다.[48] 미사의 형식 안에 가두어 두기에는 그의 선포 행위가 너무나 파격적이었고, 설교 내용은 회중들을 성경 속으로 끌어들여 거기서 하나님을 만나게 해주고 있었다.

    사보나롤라가 설교 장소를 플로렌스의 대성당으로 옮긴 것은 1591년 사순절(四旬節)의 일이었다. 그가 이렇듯 두오모(Duomo) 대성당으로 집회 장소를 옮긴 것은 오직 한 가지 이유 때문이었다. 그의 설교를 들으려고 모이는 회중들을 산 마르코 교회당의 시설로는 감당하기 어려웠기 때문이다. 우리는 이 대목에서도 교회사를 통해 입증되어 온 평범한 진리를 보게

---

47) 제임스 G. 로슨, 앞의 책, p. 22. 원고로 미루어 볼 때 그의 설교는 일반적으로 두 시간 이상 세 시간 가까이 계속되었을 것으로 추정된다.
48) 앞의 책.

된다. 진리가 힘있게 선포되는 곳에 교회가 서고 성도들이 모이게 된다는 것이다. 사보나롤라의 관심이 회중의 숫자가 아니라 진리를 선포하는 데 있었음을 주목하자.

성당 안의 노래는 장엄해도 영적으로 잠자는 자들이 모여 마치 죽은 자들과 방불한 미사를 드리기에 여념이 없었던 그 시대의 다른 교회당에서와는 달리, 두오모 교회당에서는 매시간 불 같은 심판의 메시지와 함께 복음의 증언이 쏟아져 나왔다.[49] 목숨을 건 용기와 도전 속에서 외치던 그의 선포는 교황을 비롯한 고위 성직자들의 타락과 수도사들의 무능함과 정치 지도자들의 부패와 형식적인 신자들의 방종한 삶을 하나님 앞에 눈물로 고발하고 있었다.

수많은 회중들이 입추의 여지가 없이 모여들었고, 각성된 그리스도인들은 한밤중부터 교회 문 앞에서 행렬을 지으며 예배 시간을 기다리고 있었다. 예배가 시작되기 한 시간 전에 이미 예배당 문이 닫혔으며, 미처 들어오지 못한 사람들은 추위에도 불구하고 쇠창살을 붙들고 매달려서 설교를 들으며 회개하는 모습도 보였다.

그러나 그가 이곳에서 행했던 사회악에 대한 비판, 그리고 진정한 기독교인의 생활에 대한 엄격한 강조와 향락에 들떠

---

[49] 이때 두오모(Duomo) 교회당에서 설교한 내용이 무엇이었는지는 확실히 알 수 없으나, 같은 해에 행해진 것으로 추측되는 요한일서에 대한 연속 설교가 바로 이때 행해졌을 것이라고 믿어진다. 기독교대백과사전편찬위원회 편,「基督敎大百科辭典」(서울: 기독교문사, 1985), pp. 512 이하.

부패하게 살아가는 세속주의적인 삶에 대한 질타는 유력한 지도자들의 비위를 거스르게 했다. 특히 로렌조는 자기와 시민들의 불신앙과 부패를 질타하는 사보나롤라를 공격하기 위하여 온갖 모략을 다했다.

그러나 1491년 사순절에 이어진 설교를 통해서 그는 더욱 대담하고 위엄 있는 어조로 시민들의 경박함과 도박을 하는 정신과 불경건과 이교도적인 것에 대한 취미를 꾸짖었고, 배운 사람들이 성경을 제쳐두고 시시한 옛 철학에 몰두하는 행태, 권력자들의 탄압과 폭정, 대중들의 무지몽매한 노예적 복종, 성직자들의 영적 무기력을 고발했다. 그는 당시 사람들의 입에 즐겨 오르내리던 이교 문학에 대하여 냉소적인 태도를 취했으며, 오직 하나님의 말씀인 성경만이 영혼의 구원을 위한 참된 안내서라고 선언했다.

거의 천 년 가까운 세월 동안 로마 교회 안에서 설교는 거의 사라져 버렸다. 그 대신에 점차적으로 잡다한 의례와 의식이 생겨나게 되었다.[50] 6세기부터 11세기 사이에 유럽이 혼돈과 혼란에 빠졌을 때, 수도사들은 여러 지역 사회의 질서 회복에 이바지한 바가 컸다. 그러나 사보나롤라의 시대에 이르러서는 설교 자체가 대단히 무시되었으며, 예배 시간에 거의 설교를 하지 않게 되었다. 설교를 하는 것은 주로 감독들의 직무였는

---

50) A. M. Renswick, 앞의 책, p. 20.

데, 이는 사제들의 교육 수준이 성경을 스스로 해석해서 설교할 수 없을 정도로 저급했기 때문이다. 이 같은 현실은 교회로 하여금 더욱 하나님의 말씀인 성경을 떠나 예식에만 몰두하게 만들었다.[51]

그러므로 사람들의 신앙은 하나님의 말씀과 그리스도에 대한 단순한 믿음보다는 겉으로 나타난 행위와 교회의 예식에 자기의 구원을 의지하려는 경향이 일반적이었다. 그러나 사보나롤라는 이러한 일반적인 경향을 일축하면서 구원은 오직 그리스도에 대한 믿음과 그의 은혜에 대하여 전심으로 순종함으로써 주어지는 것이라고 설교했다. 그는 하나님의 선택을 믿고 있었으며, 선택된 사람들의 영혼 속에 행하시는 성령의 역사를 통해 구원을 받는다고 선포했다. 사보나롤라가 산 마르코의 수도원장으로 선출된 것도 바로 그 해였다.

---

[51] 이 같은 형편은 대륙은 물론 스코틀랜드에서도 마찬가지였다. 스코틀랜드의 아키발드 헤이(Archibald Hay)가 그의 친척 데이빗 비튼(David Beaton)이 성 앤드류 성당의 대주교 겸 스코틀랜드의 전체 수석 주교가 되었을 때 행한 축사에서도 나타난다. "나는 하나님의 사랑을 사모하는 사람으로서 질적으로 나쁜 신부들의 생활을 돌아보면서 부끄러움을 금할 수 없습니다. 그들은 온통 무식의 암흑을 뒤집어쓴 자들이라 아니할 수 없습니다. 도대체 주교라는 사람들은 무엇을 하는 자들입니까? 이런 자들에게 주의 몸을 맡겨 성찬을 나누게 하다니 되기나 할 말입니까? 알파벳 순서도 제대로 모르는 자들이 허다합니다. 신부들 가운데는 어젯밤의 주독(酒毒)이 채 깨기도 전에 부시시한 눈을 부비며 성찬식을 집례하러 나가는 자들이 태반입니다." *Ad. Davidem Betoun Panegyricus*, vol. 34, trans. in D. Hay Flaminy, *Reformation in Scotland*, p. 42. 앞의 책, p. 20에서 재인용.

같은 해에 로렌조가 죽었는데, 사보나롤라는 그의 임종을 지켜보았다. 로렌조는 일평생 기롤라모 사보나롤라를 박해했으나 마지막 죽을 때는 죽음이 너무나 두려워서 사보나롤라의 기도를 통하여 자기의 지은 죄를 사면받고 싶어했다고 한다. 로렌조는 사보나롤라에게 자기는 특별히 참회해야 할 세 가지 죄가 있다고 고백했다. 첫째는 볼테라를 약탈한 것이며, 둘째는 미혼 여자들의 지참금을 위해 설립된 기관이 관리하던 결혼 지참금을 빼앗은 것이며, 셋째는 자기를 죽이려던 파찌(Pazzi)의 암살 음모를 적발한 후 플로렌스 시민에게 행했던 무자비한 처형이라고 했다.

사보나롤라는 임종을 앞둔 로렌조의 고백을 들으면서 그를 위로했다. 그는 "…하나님은 자비로우십니다. 하나님은 자비로우십니다.…" 이 말을 되풀이했다. 로렌조가 고백을 끝냈을 때 그는 하나님께 그의 죄를 사면받기 위해 기도해 주기 전에 세 가지 조건을 제시했다. 첫째는 하나님의 자비하심에 대하여 산 믿음을 가져야 한다는 것이었다. 로렌조는 자기는 그러한 믿음을 가졌다고 대답했다. 둘째는 지금까지 그가 부당하게 모은 재산들을 다 거두어서 아들로 하여금 그것을 원 주인에게 돌려주게 해야 한다는 것이었다. 로렌조는 망설이다가 이에 응락했다. 마지막으로 사보나롤라는 그에게 말했다. "플로렌스에 그 옛날의 자유를 다시 돌려주시오." 이 말은 플로렌스의 주권을 백성들에게 돌려주라는 것이었다. 즉 플로렌스의 정치 체제를 공화정으로 되돌려 놓으라는 것이었다.

사보나롤라의 말이 끝나자마자 로렌조는 괴로운 듯 얼굴을 벽쪽으로 돌리고 아무 말도 하지 않았다. 기롤라모 사보나롤라는 대답했다. "그렇다면 나도 당신을 위하여 기도하지 않겠소." 이 같은 사실은 문예부흥사에 있어서 기롤라모 사보나롤라의 개혁 운동에 대한 평가를 새롭게 하도록 주의를 환기시키고 있다.

문예부흥사를 거론함에 있어 기롤라모 사보나롤라는 흔히 문예부흥 운동을 일시 정지시키거나 자유의 물결을 막아 중세로 되돌려 놓은 인물이라는 평가를 받고 있다. 그러나 그것은 사보나롤라가 추구했던 바가 무엇이었는지를 바르게 파악하지 못한 데서 기인하는 오해다. 그의 관심은 근세의 여명으로 진입하던 그 시대를 교권이 지배하던 중세로 돌려놓는 것이 아니었다. 중세 교회 속에 있었던 많은 부정적인 요소들, 즉 근거 없는 교권의 횡포, 시민적 자유의 억압, 사제들의 부패, 교회의 부당한 재산 소유 등에 대하여 그는 비판적인 시각을 가지고 있었다.

그의 관심은 사회가 중세로 복귀하는 것이 아니라 하나님을 경외하는 도성이 되는 것이었다. 그의 관심은 중세의 교권이 아니라 하나님의 의였으며, 그가 추구하는 바는 실추한 교권의 형식적 회복이 아니라 교회의 영적 권위의 회복이었다. 제네바를 개혁하던 요한 칼빈의 경우와 같이 그가 추구한 것은 신정

정치(Theocracy)였다. 그런 점에서 볼 때 로렌조의 임종 앞에서 있었던 이 작은 에피소드는 개혁가로서 사보나롤라의 중심의 기대가 무엇이었는지를 여실히 보여주는 것이다.

　권력에 아첨하지 않는 기롤라모 사보나롤라의 태도는 그 이전에도 이미 나타났다. 즉 그는 산 마르코 수도원의 원장으로 취임했을 때 관례상 플로렌스의 지배자인 로렌조를 인사차 방문하게 되어 있었다. 그렇게 하기를 권하는 주위의 사람들에게 그는 단호하게 말했다. "나를 수도원장에 임명한 것은 하나님이시지 플로렌스의 지배자 로렌조가 아니다." 사보나롤라의 태도가 이처럼 단호하자 오히려 로렌조 쪽에서 일부러 수도원의 예배에 자진해서 참석하는 등 접근을 시도했다. 그렇지만 사보나롤라는 그가 플로렌스의 지배자라는 이유 때문에 특별한 관심을 기울이거나 자진해서 나아가 영접해 주지도 않았다. 부도덕한 독재자에 대해 그는 아주 심한 반발을 느꼈기 때문이다. 사보나롤라는 임명받아서 간 그 수도원의 재산을 대부분 팔아서 가난한 자들에게 나누어 주었다.

　또한 수도원 안에서의 수도사들의 생활을 대대적으로 개혁하고 높은 수준의 경건과 수도원 본래의 엄격성, 그리고 진지함을 회복하기 시작했다. 사람들의 눈에 수도사들은 변하고 있었다. 땅에 떨어진 수도사들의 명성은 높아지기 시작했고, 시민들은 그들의 경건한 모습과 섬김을 높이 평가하기 시작했다. 이윽고 다른 수도원들도 이 같은 개혁 운동에 동참하기 시작했다.

그리고 수도원에 입원하려는 많은 젊은 사람들이 줄을 잇게 되었다.52)

그 결과는 놀라운 것이었다. 각성된 수도사들과 함께 강퍅하던 많은 죄인들이 옛 생활을 벗어버리고 회개하게 되었다. 플로렌스에는 아직도 그릇된 로마 교회의 교훈들이 뿌리내리고 있었지만, 그 도시는 커다란 영적 각성과 부흥의 중심지가 되어 있었고, 사보나롤라는 설교를 통하여 엄청난 영향을 끼치게 되었다.

로렌조가 죽은 다음에는 그의 아들 피에로(Pierro de Medici)가 권력을 승계했다. 그는 운동(sports)을 좋아하고 화려한 축제를 즐겼다. 그러나 그는 지혜가 부족한 인간이었다. 야심은 컸으나, 선조들로 하여금 정치적인 성공을 거두게 만들었던 수완이나 통치가다운 지혜 같은 것이 그에게는 없었다. 새로운 집권 체제를 맞으면서 아버지인 로렌조를 따르던 지도자들을 귀하게 여기고 곁에 두어 안정적인 통치를 추구해야 했음에도 불구하고, 그는 많은 지도자들로 하여금 자기 곁을 떠나게 만들었다. 그러자 내부에는 많은 반대자들이 생겨나게 되었고, 이탈자가 속출했다. 이 같은 집권층의 결속의 와해는 필연적으로 권력 구조의 균열을 가져왔고, 피에로의 정치적인 기반은 점차 상실되어 갔다. 사태가 이렇게 악화되자 어리석은 피에로는 더욱더

---

52) 제임스 G. 로슨, 앞의 책, pp. 25-7.

폭압적인 통치를 자행했고, 그럴수록 민심은 더욱 이반되었다.

그럴 즈음에 프랑스 왕 찰스 8세가 이탈리아를 침공하는 일이 발생했다. 플로렌스의 일반적인 정치적 감정은 오랫동안의 우의를 나누었던 탓으로 처음엔 분명히 프랑스 편이었다. 그러나 어리석은 피에로는 대중들의 이러한 감정을 무시한 채 찰스 8세의 공격을 저지하려는 나폴리 왕과 교황의 동맹에 공개적으로 가담했다. 프랑스 군대는 플로렌스를 향하여 점점 맹렬한 진격을 해 오고 있었다. 그러자 피에로는 불현듯 겁을 집어먹고는 백성들과 아무런 상의도 없이 찰스에게 달려가 굴욕적인 평화 협정을 체결했다. 그는 플로렌스에게 매우 불리한 여러 가지 정치적인 조건들을 굴욕적인 수모를 감수하며 받아들였다. 그리고 백성들의 불만으로 인하여 자기의 권좌가 흔들리는 것을 깨닫고는, 자기의 정치적 입지를 강화하는 폭압적인 조치를 취하려 했다.

그러나 이 일은 오랫동안 참아왔던 백성들의 분노를 폭발시켰다. 시의회는 특별회의를 열어서 피에로를 권좌에서 내어 쫓고 찰스 8세에게 특사를 보내어 그와 담판하게 하는 결정을 했다. 그 대표로서 사보나롤라가 임명되었다. 이때부터 기롤라모 사보나롤라는 자신의 의지와는 상관없이 그 도시의 정치에서 하나의 큰 세력의 구심점이 되었다. 이것은 플로렌스 사람들의 그의 설교에 대한 신뢰 때문이었다. 따라서 두오모 교회당에서 하는 그의 설교는 그 자체가 이미 정치적인 사건으로 주목받게 되었고, 또 사보나롤라 역시 설교 속에서 그 당시의 긴박한 상황을 회피하지 않았다. 피에로가 축출된 상황에서 시민들의 신뢰와 존경을 받고 있던 그가 정치적인 중임을 떠맡게 된 것은 피할 수 없는 일이었다. 그는 나중에 그 당시의 심정에 대하여 이렇게 토로했다.

"나는 이제껏 한 사람의 수도자로서의 삶을 살며 안전한 항구에 정박한 돛단배 같은 인생을 지내왔습니다.…그러나 주님께서 내 인생, 마치 일엽편주와 같은 생명을 광활한 바다로 떠밀어 내보내셨습니다. 내 앞에 펼쳐진 드넓은 망망대해를 바라보며, 나는 이미 바다 저편에서 다가오기 시작하는 무서운 태풍들의 소용돌이치는 바람 소리를 듣습니다. 이제는 뒤돌아보아도 전에 내가 머물렀던 포근한 항구는 이미 보이지 않고, 나는 바람에 밀려 점점 흉용한 바다 한가운데로 항해해 갑니다. 주님께서 부디 은총을 베푸사 나로 하여금 그 항구로 다시 돌아갈 수 있게 하시기를…."[53]

그는 이 특사의 임무를 성공적으로 잘 수행했고, 프랑스 군대는 철수했다. 그의 위치는 더욱 굳어졌다. 터무니없는 보상을 요구하던 찰스 8세를 뛰어난 중재로 해결함으로써 플로렌스 시민들은 프랑스의 동맹자가 되었고, 사보나롤라에 대한 그들의 신망은 극에 달했다.

---

53) George M. Hardy, 앞의 책, p. 85.

프랑스 왕 찰스와 그의 군대들이 떠나간 후, 플로렌스 시민들은 메디치 가문의 통치를 대신하여 어떤 종류의 정부 형태로 플로렌스를 이끌어 갈 것인지에 대하여 의견이 분분하게 되었다. 그들 사이에는 의견의 일치가 없었다. 이때 사보나롤라는 그들에게 충고해야 할 필요를 느꼈다. 사보나롤라는 설교를 통하여 그 시대의 플로렌스의 정치를 향한 자신의 뜻을 밝혔다.

정부 형태에 대하여 결심하지 못하고 있는 플로렌스 시민들에게 사보나롤라는 군주제와 공화정의 장단점을 자세히 설명한 후에 최종적으로 다음과 같이 말했다. "만약 한 나라를 다스리는 군주가 선한 사람이라면 군주제는 가장 훌륭한 통치 형태가 될 것입니다. 그러나 그가 악한 사람일 경우 군주제는 가장 최악의 정부 형태가 됩니다.…이탈리아, 특별히 힘깨나 쓰고 배웠다 하는 사람들이 많이 있고 재치 있고 약삭빠른 인간들이 살고 있는 이 플로렌스와 같은 곳에서 한 사람에게 정부를 맡긴다면 그는 독재자가 되기 쉽습니다.…우리에게 가장 적합한 정부 형태는 주권이 시민에게 있는 통치 형태입니다. 그리고 그 정부에 시민들이 모두 참여하는 형태가 가장 바람직합니다."54)

사보나롤라의 설교를 들은 플로렌스 시민들은 자신들의 도시를 위하여 지극히 진보적이고 계몽된 형태의 민주 정치,

---

54) 앞의 책, p. 99.

즉 공화정을 택했다. 사보나롤라는 법에 의한 정당한 과세, 비인간적인 고문의 폐지, 고리대금업과 도박 행위의 금지, 정당한 경제 활동의 보장, 억울하게 판결을 받은 자를 위한 항소의 보장, 가난한 자를 위한 양식의 공급 등을 체제의 골자로 하는 공화 정부를 수립할 것을 주장했다.

플로렌스는 그의 의견에 순응하여 공화정을 수립함으로써 플로렌스 공화국이 되었다. 비인간적이고 사악한 법률들은 개정되거나 폐지되었다. 정치 제도와 행정 조직은 민주화되었다. 역사적으로 플로렌스 공화국의 이 같은 새로운 입법 질서와 정치 제도, 법률 등은 이후 많은 나라가 공화정으로 가는 데 본보기가 되었으며, 현대 민주정치 질서 형성에도 큰 영향을 끼쳤다고 한다.

사보나롤라가 백성들에 의하여 추방된 로렌조의 아들 피에로를 대신하여 플로렌스의 통치자가 되어 달라는 요구를 응락한 것은 그렇게 함으로써 자신의 개혁을 신정정치로 이어지게 할 수 있으리라는 생각에서였다. 우선 그는 사치하고 음란한 사회의 문화를 복음으로 정화시키는 작업에 들어갔다. 그리고 침체의 늪에 빠져 있던 경제 부흥에 박차를 가했다. 그는 교회들이 소유한 모든 금과 은을 팔아서 가난한 자를 구제하는 데 써야 마땅하다고 주장했다. 바로 이때가 그의 개혁 운동이 절정에 달하던 시기였다.

이 모든 개혁의 중심은 정치적 수완이 아니라 하나님의

말씀의 선포였다. "설교단은 세상 역사의 뱃머리다"라는 토마스 카알라일의 말이 이때처럼 확실하게 이루어진 적도 흔치 않았을 것이다.55) 백성들은 그의 설교에 의해 매우 큰 영향을 받았고, 도시는 그의 선포를 통하여 의로우신 하나님의 인격과 마주 섬으로써 자신들의 죄악된 모습을 발견하고 소스라쳐 놀라게 되었다.

아, 우리는 얼마나 부끄러운 사람들인가? 하나님의 말씀의 선포가 이처럼 위대한 역사 변혁의 능력을 지니고 있음에도 불구하고, 우리 시대에는 왜 이 같은 설교 사역의 영광스러움이 그쳤는가? 설교는 쉬임없이 전해져도 예리한 말씀의 선포는 흔치 아니하며, 대부분의 말씀들은 선포되어도 사람들로 하여금 도무지 그 말씀 앞에 두려워 떨게 하지도 아니하고 자신들의 패역함을 인하여 애통해 할 줄도 모르게 하지 않는가? 오, 하나님! 당시 플로렌스처럼 하나님을 알지도 아니하고, 알아도 주를 영화롭게도 아니하는 이 패역한 세대에 하나님의 말씀의 능력을 해일과 같이 몰고 와서 주를 거슬러 산과 같이 높아진 교만한 마음을 쓸어 버리고 이 조국의 땅에 하나님을 인정하는 지식이 물이 바다를 덮음같이 온 땅을 덮게 할 자들이 누구이옵나이까? 외치는 자는 많건마는 생명수는 마른 시대 속에서 온 땅과

---

55) Thomas Carlyle, *Heores & Hero-Worship*(London; 3rd edition., 1846), John R. W. Stott, *Between Two Worlds; The art of preaching in the 20th century*, (Grand Rapids; W. B. Eerdmanns Publ. Co., 1982), p. 36 에서 재인용.

피조 만물이 탄식 가운데 이런 사람을 그리워하고 있나이다.

플로렌스의 대개혁, 이것은 위대한 영적 각성과 신앙 부흥의 결과였다. 이제 플로렌스의 백성들은 악하고 세속적인 책들과 무가치한 이교도의 사상들이 담긴 책들을 버리고 사보나롤라의 설교집을 읽고 있었다. 이 광경은 마치 종교개혁 시대의 사회 분위기가 어떠할 것인가를 보여주는 예고편인 듯했다.

위대한 영적 각성과 신앙 부흥이 휩쓸고 갔던 교회 시대마다 그리스도인들은 그리스도를 아는 지식이 가장 고상함을 깨닫게 되었고(빌 3:8), 따라서 그들의 관심은 하나님의 말씀에 귀 기울이는 것이었다. 이런 시대에는 이교도의 사상집이나 지적 욕구를 채워 주는 현학적인 기독교 서적들이 지푸라기와 같이 여겨졌고, 하나님의 말씀과 진리를 드러내는 설교들이 기록된 설교집이나 그리스도인의 경건의 비밀을 드러낸 서적들이 날개 돋친 듯이 팔려 나갔다.

영적으로 큰 각성이 일어났던 때에 흔히 그러했던 것처럼, 사람들은 이제 하나님의 말씀의 깊은 뜻을 이해하는 일에 관심을 기울였다. 사보나롤라의 설교 내용은 그들의 큰 관심거리였다. 드디어 설교단은 다시 주목을 받게 되었다. 하찮게 여겨지던 설교단에서 사보나롤라가 말씀의 영광을 드러내고, 회중들이 각성하게 되자 강단의 권위는 회복된 것이다. 이 같은 일들은 조나단 에드워즈의 제1차 각성 운동에서도 나타났다. 그는 이 복스러운 신앙의 부흥과 영적인 각성 한가운데에 회복된 강단이 있었음을 말하면서 "그들이 깊이 회심하자 도시 전체가 설교자를 다시 보게 되었으며, 교회에서 강단은 마땅히 차지해야 할 본래의 자리로 되돌아갔다"라고 했다.56)

설교단은 하나님의 말씀이 선포되는 곳이라는 확신을 모든 사람들에게 체험적으로 심어 주었으며, 말씀의 해설은 항상 그들로 하여금 귀 기울이게 만드는 사역이었다. 이제 모든 죄인들이 교회에 나아와 예배를 드렸고, 형식적이던 신자들은 조국의 죄악을 애통해 하며 하나님 앞으로 나아가는 제사장들이 되었다. 부자들은 자신들의 재산을 팔아 가난한 동포들에게 나누어 주었고, 상인들은 부당하게 얻은 이익들을 사회에 되돌려 주었다. 철천지 원수지간이던 사람들이 진심으로 서로를 용서하며 용납했고, 자선을 베풀려는 열심이 온 도시에 충만했다. 말씀을 듣고 회개하지 않았더라면 사치스러운 물건과 화려한 몸치장을 위하거나 도박상의 판돈으로 날렸을 돈들로 가난한 자를 구제했다. 수도사를 지망하는 사람이 늘어나서 초기에 50여 명밖에 안 되던 산 마르코 수도원의 식구가 230명이 넘게 되었고, 그들 중에는 아주 지체 높은 귀족의 자제도 있었다.

교회와 수도원은 그 옛날의 청빈함을 회복했고, 성직자들은 말씀을 연구하고 기도하는 일에 몰두했다. 건달들은 사라지

---

56) "Narrative of Suprising Conversion", in *The Works of Jonathan Edwards*, revised & corrected by Edward Hickman, vol. 1 (London; Banner of Truth Trust, 1976), pp. xliii-xlvii, 김남준, 「창세기의 신앙부흥」(서울: 무림출판사, 1992), pp. 120-27 참조.

고, 감옥은 텅텅 비었으며, 부랑아들의 야비한 유행가는 하나님을 찬양하는 노래로 바뀌었다. 백성들은 그동안 몰두해 오던 허영과 사치를 버렸고, 음탕과 광란의 상징이던 사육제[57]의 행사는 그쳤다. 당시 유행하던 가발과 가면, 세속적인 책들과 음란한 그림 등은 태워졌다. 사람들은 찬양을 부르며 골목골목을 다니면서 이런 쓸데없는 것들을 거두어들이기 위하여 마차를 끌고 다녔다. 이제 플로렌스 시민들의 관심은 그런 세속적인 것에서 멀어졌다.

헛된 것들은 거두어졌고, 사람들은 플로렌스 광장에 모였다. 소위 '허영의 화형식'이라고 불리는 이 행사의 절정은 세속적인 책들과 음란한 그림, 유치한 가면과 유행하던 가발 등을 불태우는 것이었다. 그들이 거두어들인 물건들을 팔각형의 피라밋 모양으로 쌓았는데, 그것은 7층으로 쌓아 올려졌다. 1층만도 그 둘레가 72미터, 높이가 18미터였으니, 그 산적함은 가히 산더미 같은 것이었다. 영적으로 각성한 이 백성들은 찬양을 부르면서 종을 치며 여기에 불을 붙였다. 이것은 플로렌스에

---

[57] '사육제'(謝肉祭)를 가리키는 말 '카니발'(carnival)은 라틴어 caro vale(육체여, 안녕!)이나 혹은 Carnem levare(육식을 멀리하다)에서 왔다고 추측되는데, 어원적으로 볼 때 후자가 더욱 가능성이 있다. 이것은 로마 가톨릭을 신봉하는 나라에서 부활절을 앞두고 금식의 절기로 지키는 사순절(Lent) 앞에 오는 기간들을 가리키는 말로 쓰였다. 사순절이 시작되기 직전 3일 간이나 혹은 2월 3일부터 사순절까지 사이의 기간들을 가리키기도 했는데, 주후 3세기경부터 지켜지기 시작했다. 교회가 타락하면서부터 이 시기는 본래의 뜻과는 다르게 춤추며 먹고 마시는 광란의 장(場)이 되었다. F. L. Cross & E. A. Livingston, 앞의 책, pp. 96, 241, 811.

가득하던 세속주의에 대한 화형식이었으니, 이것이 1497년의 일이었다.

그것은 마치 사도행전 19장의 재현과도 같았다. 바울이 에베소에서 하나님 말씀을 강론할 때 유대인과 헬라인들이 다같이 주의 말씀을 들었고, 결국은 그 도시가 놀라운 영적 각성과 부흥으로 깨어나게 되었다. 하늘의 두려움이 땅으로 떨어졌으며, 주 예수의 이름이 높여졌다. 사람들은 와서 자기의 죄를 자복했고, 마술하던 자들은 회개하고 그들의 책을 불살랐다. 이교의 허망한 풍속과 악귀의 역사에 대한 화형식이었다. 이것이 그 유명한 에베소의 신앙 부흥이다. 하나님의 말씀이 능력있게 역사하는 곳에서는 이처럼 세상의 허영과 죄악에 대한 처형이 이루어졌다. 이 시대에 우리가 사는 이 죄악된 도시 한복판에서도 이 같이 영광스러운 일들이 되풀이되기를….

기롤라모 사보나롤라, 그는 결코 프로테스탄트가 아니었다. 따라서 그의 종교적 견해도 중세적인 한계를 벗어날 수가 없었다. 그럼에도 불구하고 복음에 대한 강조, 그릇된 교권에 대한 불인정, 구원에 대한 강조, 신비한 미사에 대한 내적 신앙의 강조, 거룩함에 대한 추구, 이런 것들은 당시의 부패한 로마 교회에서는 거의 잊혀져 가는 분위기였다.

우리가 그의 설교를 들으며 또 그의 생애를 읽으며 그가 마치 프로테스탄트인 우리들과 여러 면에서 공통점을 가지고 있다고 생각하게 되는 것은 그가 토마스 아퀴나스에 심취하고

플로렌스의 세례 요한

어거스틴을 즐겨 읽고 헬라 철학에 관심이 깊었지만, 그럼에도 불구하고 그에게 가장 심대한 영향을 끼친 것이 성경이기 때문일 것이다. 우리는 그의 성경 해석과 상상력에 전적으로 동의할 수 없는 것은 사실이지만, 그의 모든 사고와 글들은 대체로 성경에 의해 통제받고 있었다. 그의 유명한 설교는 노아의 방주, 출애굽기, 학개, 에스겔, 아모스, 모세와 요한계시록 강해였다. 그는 성경의 권위를 확신했다. 그는 말하기를 "나는 교회가 갱신되기를 갈망하며 설교한다. 나는 이 일에 있어서 오직 성경만을 나의 유일한 길잡이로 삼았다"[58]라고 했다.

성경에 대한 그의 사랑과 본문에 대한 박식함은 실로 뛰어난 것이었다. 신구약 66권의 본문을 거의 외웠으며 헬라어와 히브리어 원전을 자유롭게 읽었다니, 성경에 대한 그의 애착이 얼마나 뛰어났는지를 짐작할 수 있다. 물론 그는 교회관이나 기타 몇몇 신학적인 견해에 있어서 여전히 가톨릭의 틀을 벗어나지 못하고 있는 것은 사실이다. 그럼에도 불구하고 복음에 대한 강조, 임박한 하나님의 심판을 설교하지 않을 수 없

---

[58] "…He insisted upon the authority of Scripture. 'I preach the regeneration of the Church' he said 'taking the Scriptures as my sole guide'…" Phillip Shaff, *History of the Christian Church* (Grand Rapids; Wm. B. Eerdmanns Publ. Co. 1976), p. 689. 또 그는 출애굽기를 설교하는 가운데 이렇게 말했다. "…우리 시대의 신학자라고 하는 사람들은 꼴 같지도 않은 논쟁으로 신학을 더럽혔습니다. 그들은 성경을 쥐꼬리만큼도 모릅니다. 그렇습니다. 성경 내용은커녕 신구약 66권의 이름조차도 모르는 사람들입니다.…" 앞의 책, p. 689에서 재인용.

정도로 탁월하게 뛰어났던 하나님의 의에 대한 영적인 감각, 그분의 영광스러운 통치에 대한 영혼의 갈망, 이런 것들은 실로 우리로 하여금 많은 것들을 생각하게 해준다.

무엇보다도 그는 깊은 기도의 사람이었다. 수도원에 있을 때 그는 말씀을 전하고 독서를 하는 시간 이외에는 대부분의 시간을 무릎을 꿇은 채로 지냈다. 그리하여 그는 기도 생활 속에서도 다른 사람과 비교되지 않는 뛰어난 깊이를 소유하게 되었는데, 이것이 영력(靈力) 있는 선포 사역의 중요한 비결이었음은 두말할 나위도 없다. 깊은 기도는 필연적으로 기도 시간의 연장을 가져왔는데, 무릎을 꿇고 간절히 드리는 그의 기도는 대체로 대여섯 시간씩 계속되었다고 한다.

어떤 때는 기도하고 일어나서 말씀을 강론하기 위하여 단상에 오르는 그의 얼굴에서 밝은 광채가 발하여 회중들이 그 광채를 뚜렷이 의식할 정도였다고 한다. 때로는 깊은 기도 속에서 자아를 거의 잃어버릴 정도로 깊은 황홀경 속에 들어가는 하나님과의 신비한 영적 교제를 경험하기도 했는데, 이런 때는 며칠씩 세속과 사람들 곁을 떠나 한적한 곳으로 물러가서 더 깊은 하나님과의 교제의 시간을 확보하기도 했다고 한다.[59]

그가 개혁에 대하여 열망하면 할수록 그의 기도 생활은 점점 더 열정과 헌신을 더해 갔다. 그의 동료 가운데 브레스키

---

59) 제임스 G. 로슨, 앞의 책, p. 22.

아의 세바스티아노 수도사는 말하기를 "기롤라모 사보나롤라는 늘 기도에 몰두하곤 했는데, 그때마다 아주 빈번히 깊은 무아경 속으로 들어가곤 했습니다. 때로는 하나님을 향한 거룩한 열망에 사로잡혀서 여러 날 동안 한적한 곳에 은거하며 하나님과 깊은 영적 교제로 들어가곤 했습니다"라고 했다.

그 한 예로 1486년—이때는 그가 산 마르코 수도원의 신입 수도 교사로 섬기다가 롬바르디의 여러 도시와 브레스키아에서의 설교를 위하여 파송되던 해였다—성탄절 저녁에 사보나롤라는 다섯 시간 이상이나 하나님의 임재에 잠겨 강단에서 움직이지 않고 앉아 있었는데, 그의 얼굴은 교회 안에 있는 모든 사람들에게 빛을 발하고 있었으며, 이 같은 일은 그 후에도 아주 여러 번 있었다고 한다.

우리가 기억해야 할 것은 이 하나님의 사람, 기롤라모 사보나롤라는 단지 중세 시대 말기에 부패한 가톨릭의 교권주의에 항거하여 개혁을 외친 수도사가 아니었다는 것이다. 이 사람은 무엇보다도 깊은 영성을 소유한 사람이었다. 그리고 그 영성은 선지자적인 열정을 가진 영력(靈力) 있는 설교자로서 나타났다. 그를 움직이고 있는 열정은 영적으로 하나님의 인격을 깊이 경험한 자들에게서만 볼 수 있는 하나님의 의에 대한 뼈저린 열망이었다. 그의 열정과 설교 사역은 성경으로부터 감화를 받고 있었다. 이것이 바로 개신교도들인 우리에게 사보나롤라가 친근하게 느껴지는 이유다.

개혁가 마틴 루터에게 깊은 정신적 토양을 제공한 사람들은 존 위클리프(J. Wiclif), 보헤미아의 존 후스(J. Huss) 등이었다. 특별히 그는 비텐베르그 성당에 95개 조항을 게시함으로써 종교개혁의 횃불을 높이 쳐들었을 때 사보나롤라의 생애와 교훈으로부터 자신이 많은 감화와 교훈을 받았음을 고백했다. 기롤라모 사보나롤라가 그러했던 것처럼 개혁의 반대자들의 끊임없는 도전과 박해에 직면하면서, 루터는 더욱더 깊이 사보나롤라를 이해하게 되었을 것이다.

그래서 루터는 사보나롤라를 가리켜 중세의 수도사라 부르지 않고, '최초의 개신교 순교자'라고 했다. 많은 역사가들은 사보나롤라 시대의 정치 상황이 루터의 시대와 유사했다면 종교개혁이 한 세대 앞당겨졌을 것이라는 견해를 피력하기도 한다.

사보나롤라의 순교

순교의 붉은 모자를

로렌조가 죽은 후 사보나롤라가 정치 문제에 개입하게 되자 그에게는 필연적으로 정치 문제에 있어서 그와 의견을 달리하는 정치적 적대 세력들이 떠오르게 되었다. 그리고 이들은 피에로의 복권을 추진하는 정파들과 연대하여 사보나롤라의 엄격한 신정 통치에 반발하는 강력한 세력을 구축하게 되었다.60) 사보나롤라의 정적들은 그를 제거하는 데 교황의 힘을 빌고자 했다. 그들은 교황에게 사보나롤라를 중상 모략하는 허위 보고서를 제출했다. 이와 함께 계속된

---

60) 이 같은 일은 이미 프랑스의 찰스 8세가 플로렌스에 입성한 직후에도 있었다. 시민들은 그를 자유의 해방자로 맞이했지만, 시를 장악한 이후 찰스 8세는 피에로의 추종자들과 손을 잡고 그를 복권시키고자 했다. 그러나 시민들의 강력한 봉기로 이 같은 계획은 무산되었다. 찰스 8세의 플로렌스 침공과 이에 따른 정치적 변화에 대해서는 George M. Hardy, 앞의 책, pp. 90-94를 참고할 것.

사보나롤라의 비판적인 설교는 드디어 로마 교황청의 비위를 거스르게 했다.

교황은 1495년 7월 25일 기롤라모 사보나롤라에게 훈령을 내렸다. 부드러운 어조로 그를 칭찬한 후, 미래에 일어날 사건에 대해 예언한 사보나롤라의 선지자적 설교에 대하여 언급했다. "목자적 권위로 권하건대 로마에 와서 그 받은 바 계시를 좀더 자세히 이야기해 달라"는 것이었다. 이것은 사보나롤라를 로마로 불러들여 제거해 버리려는 의도에서 만든 교황의 속임수였다. 사보나롤라는 건강이 좋지 않다는 이유와 시작된 개혁이 완결될 때까지는 자기가 플로렌스에 남아 있어야 할 긴박한 필요성을 이유로 들면서 로마로 오라는 소환을 거두어 줄 것을 탄원했다.

교황 알렉산더 6세는 지혜로운 사람이었다. 기롤라모 사보나롤라로부터 로마로 올 수 없다는 완곡한 편지를 받은 후에 그는 이 일을 신중하게 진행해 나가야 한다는 사실을 깨달았다. 그는 기롤라모 사보나롤라에게는 정면적인 맞대응을 피하고 대신 외교적인 수단으로 나아가는 것이 사태를 지혜롭게 수습하는 길이라고 판단했다. 그래서 알렉산더 6세는 두 번째 훈령을 내렸다.

그 교서 속에서 교황은 사보나롤라가 플로렌스 지방에서 행한 엉뚱한 설교 때문에 교회에 많은 무리를 일으켰고, 교황 자신도 이에 대해 불쾌한 감정을 가졌으나 이제 그가 이처럼 성의 있게 자신의 과오를 해명하고 또 모든 일에서 교회에 복종할 것이라는 결심을 보여주었기에 자신도 그에 대한 태도를 바꾸겠다고 했다. 그리고 그는 사보나롤라가 지난날 설교를 통해 여러 가지 잘못을 범한 것은 어떤 악한 뜻에서가 아니라 자신이 믿는 종교에 대한 지나친 열심과 넘치는 열성 때문임을 보게 되었기에 그의 모든 과오를 용서해 준다고 말했다.

그러나 여기에서 교황은 사보나롤라에게 치명적인 금령을 내렸다. 그는 "기롤라모 사보나롤라가 자기의 의무를 성실하게 감당하기 위하여 적당한 시기에 로마에 출두하거나 혹은 교황으로부터 특별한 설교 금지 해제의 훈령이 내려질 때까지는 공사간에 하나님의 말씀을 설교하는 것을 금한다"고 했다. 더욱 더 문제가 되었던 것은 사보나롤라가 돌보던 산 마르크 수도원을 그에게 더 이상 돌보지 못하도록 했던 것이다. 교황은 산 마르크 수도원을 롬바르디와 합하여 이제는 롬바르디의 상관에게 귀속시킨다고 밝혔다.

사보나롤라는 이 같은 교황의 두 번째 훈령에 접하면서 이것이 교황의 진심이 아닌 것을 알았다. 비록 말은 완곡하고 그를 인정해 주는 것 같은 어투였으나, 이것은 곧 교황의 교활한 정치적 술수의 소산이며, 이 같은 잘못된 조치는 또한 어느 정도 자기를 시기하는 플로렌스의 정치적 대적들에 의하여 올려진 거짓된 탄원서에 근거한 것임을 알았다. 그럼에도 불구하고 사보나롤라는 이런 상황에서 맞대응하기보다는 조용히 참고

순교의 붉은 모자를

그 제약이 풀려서 설교단에 다시 설 수 있게 될 날을 기다리게 되었다.

사보나롤라는 실로 첩첩산중과 같은 문제에 직면하고 있었다. 안으로는 플로렌스의 정적들로부터 간악한 음모의 대상이 되고 있었고, 밖으로는 세력 있는 영주들과 교황에 의하여 종교적인 탄압을 받으면서 설교하는 것이 금지된 상태에 있었다.

그러던 어느 날이었다. 교황으로부터 은밀하게 보내진 밀사로부터 제안을 받았다. 교황 찰스 6세는 그에게 제의하기를, 만약 교황의 뜻과 정책에 순응하여 교회와 성직자들에 대한 공격을 중지한다면 추기경의 붉은 모자를 씌워 준다는 것이었다. 그러자 사보나롤라는 그 밀사에게 "당신이 만약 다음에 행해지는 내 설교 때 참석한다면 거기서 답변을 하겠노라"고 했다.

그리고 그는 약속된 그날 설교단 위에서 외쳤다. "…내가 만일 그러한 것들을 탐했다면 나는 지금 당장에라도 이 남루한 예복들을 벗어 버리겠다고 교황에게 말했을 것입니다. 그러나 나의 소원은 주교직이나 추기경의 지위에 오르는 것이 아닙니다.…내가 원하는 바는 추기경이 아니라, 하나님께서 가장 사랑하시는 성도들에게 허락하셨던 죽음, 곧 주님을 위하여 나의 몸을 온전히 태워 번제로 드리는 것입니다. 여러분, 참으로 내가 원하는 바는 추기경의 모자도 아니고 주교의 관도 아닙니다. 나는 그 어느 것도 원하지 않습니다. 나는 추기경의 붉은 모자

대신에, 오직 교회의 머리이신 주님께서 당신의 성자들에게 주신 바 순교의 붉은 피로 물든 모자, 그것을 원합니다. 내가 바라는 것은 오직 그것뿐입니다."

1495년 10월 교황은 그에게 모든 공적이고 사적인 설교 사역을 중단할 것을 명령했다. 얼마 동안 이 기롤라모 사보나롤라는 그 명령에 굴복하여 연구에 전념했다. 교황은 플로렌스에 경제적 금지 조치를 부과하겠다고 위협했다. 플로렌스의 지도자들은 이것이 무엇을 뜻하는지 알고 있었다. 그래서 그들은 사보나롤라에게 조용히 지내도록 간청했다.

그러다가 기롤라모 사보나롤라는 공의회에서 보낸 탄원서와 이에 따른 교황의 간접적인 해제 조치로 말미암아 다시 침묵을 깨고 공개적인 설교단에 서게 되었으니, 이는 1496년 2월 17일의 일이었다. 그는 이 기간을 통해서 더욱더 분명하게 자신에게 주어진 예언자적 설교가로서의 소명을 확인했다. 그는 전에 없이 더욱 담대하게 하나님의 말씀을 증거했고, 플로렌스를 향하여 예언자적인 선포를 다시 재개했다. 그는 다시 계속되는 설교 속에서 자기는 교회의 일원이며, 또한 자기는 거룩한 하나님의 사제로서 로마 가톨릭 교회에 대하여 충성을 다하며 사역을 할 것임을 말했다. 아울러 하나님이 세우신 모든 교회의 질서와 또한 말씀 앞에 절대 복종할 것임을 밝혔다.

그러나 그는 자신이 양보할 수 없는 마지막 선을 설교를 통하여 밝혔다. 그의 주장은 이런 것이었다. "교황과 및 교회의 제도는 하나님이 세우신 것이지만, 하나님에 의하여 세워진 그 직분에 자리잡고 있는 사람들의 신앙이나 행위가 의로움, 사랑, 복음 등에 배치되는 것이라면, 그들은 스스로 자신들이 하나님이 세워 주신 사람들이 아니라는 것을 드러내는 것이다." 그래서 그는 알렉산더 6세의 계속되는 도전 앞에 이렇게 말할 수 있었던 것이다.

"교황이여! 당신은 비록 교황일지라도 나에게 기독교의 사랑이나 복음에 배치되는 어떤 것도 명할 권리가 없습니다. 나는 당신이 그러한 것을 명령하지 않으시리라고 확신합니다. 그러나 만약 그렇게 한다면 나는 말할 것입니다. 당신은 지금 그릇 행하고 있으며, 따라서 당신은 더 이상 하나님이 보내신 좋은 목자나 교회를 위한 중재자가 아닙니다. 우리 중 누구도 거룩하신 하나님과 또 그의 사랑에 반대되는 어떤 것들을 명령 받을 필요가 없고, 교회가 이런 것들을 명령한다면 우리는 그것에 복종할 필요가 없습니다. 왜냐하면 성경에는 우리가 사람에게 복종하는 것보다 하나님께 순종하는 것이 더 옳다고 쓰여져 있기 때문입니다."

그는 합법적으로 수립된 권위일지라도 그것이 정의의 명령을 짓밟는 경우라면 우리의 윤리의식이 그것에 대해 도전할 권리를 갖는다는 것이었다.[61] 이것은 로마 교회가 말하고 있는

---

61) G. M. Hardy, 앞의 책, pp. 46-8.

바, 도덕의식은 종교적인 일에 대해 판단할 권리가 없으며 다만 복종해야 할 뿐이라는 당시의 교회의 요청과 정면으로 충돌되는 것이었다. 그들은 하나님의 이름을 빌어서 모든 도덕의식을 종교적인 명령에 복종시켰으며, 사람들은 오직 교회의 명령에 노예와 같이 순복하는 것이 최상의 도덕이라는 윤리를 유포시켰다. 하나님에 대한 절대 복종은 교회에 대한 절대 복종으로 나타났으며, 로마 가톨릭 교회가 이러한 절대 복종이라는 윤리를 미덕으로 여기도록 강요하는 가운데 자행되고 있는 교회 안의 각종 비성경적인 행위와 부도덕한 타락들을 보면서 기롤라모 사보나롤라는 위와 같은 논리로 맞서지 않을 수 없었던 것이다.

그는 로마 가톨릭의 교리를 존중했으나, 그럼에도 불구하고 모든 교리는 성경에 의하여 판단 받아야 한다는 것이 그의 신념이었다. 믿음으로 구원을 얻는다는 확신, 미사에 대한 파격적인 태도 등은 모두 성경의 권위를 인정하는 그의 신앙에서 우러나온 것이었다.

결국 교황은 사보나롤라의 파문을 선고했다. 처음에는 그의 친구들이 그와 함께했으나, 시간이 흐르자 거의 대부분이 교황의 위협에 굴복하여 사보나롤라의 곁을 떠났다. 자기를 파문한 교황 알렉산더 6세를 향하여 기롤라모 사보나롤라는 1498년 2월에 다음과 같은 설교를 했다.

"그리스도여, 당신은 지금 누구 편에 계시옵나이까? 우리

편이옵나이까? 아니면 저들 편이옵나이까? 저는 언제나 진리를 선포해 왔고 항상 흔들리지 않는 입장을 지켜 왔습니다. 주님이시여, 당신은 우리의 가르침이 깨끗한 삶과 종교적인 열정과 기도를 가져다주었다는 것을 아실 것입니다. 그러나 우리는 파문되었고, 저들은 그 가르침을 인하여 행악하고 있으며 먹고 마시고 탐욕하며 축적과 성직 매매에 빠져 있나이다. 우리 눈 앞에서 그 많은 거짓말과 사악한 짓들을 행함에도 불구하고 그들은 잘 살고 있사옵나이다.…그리스도께서는 이렇게 말씀하고 계십니다. '나는 진리다. 나는 참된 편에, 즉 파문 받은 자들 편에 있기를 원하노라. 악마는 잘 살고 있는 자들의 편에 있을 것이니라.'…오, 주님이시여, 저의 마음은 당신을 향하옵나이다. 당신은 진리를 위해 죽으셨나이다. 그러므로 저도 당신의 진리를 위하여 죽는 것으로 만족하나이다. 오, 주님이시여, 제가 여기 있나이다. 저 자신을 희생 제물로 당신께 드리나이다. 저의 기뻐하는 바는 당신을 위하여 죽는 것이오니, 주여! 저로 하여금 오직 진리를 지키다가 당신의 뒤를 따라 죽을 수 있게 해주시옵소서."[62]

이것은 또한 당시의 교황이 참 교황으로서의 본 모습을 상실하고 거짓 사도가 된 교회의 우두머리에 대한 도전장과

---

[62] Roberto Ridolfi, *The Life of Girolamo Savonarola*, trans. by Cecil Grayson(London: Routledge and Kegan Paul, 1959), p. 273. 맹용길, 앞의 책, p. 407에서 재인용.

같은 것이었다. 그는 감히 위험을 무릅쓰고 강하게 외쳤던 것이다. 이것은 그의 개인적인 신념이나 교회 정치에 관한 식견의 소산이 아니라, 하나님의 말씀 앞에서 깨닫게 된 진리가 그의 온 인격을 붙들므로 그의 심령 속에서 쏟아져 나온 선지자적인 신적 확신이었다. 여기서 우리는 비록 교파가 다르더라도 성경을 바르게 깨닫는 사람들 사이에서는 진리에 대한 놀랍게도 일치된 견해를 발견하게 된다.

사보나롤라는 더욱 격렬한 어조로 로마 가톨릭의 교회뿐만 아니라 부패한 교황 알렉산더 6세를 정면으로 공박했다. 그는 "로마 가톨릭의 교황 알렉산더 6세는 하나님을 모독하고 성직을 매매하는 자이며 온갖 파렴치한 죄악을 저지른 자요 거듭나지 못한 자"라고 외쳤다.

사보나롤라는 성직 매매를 통해서 교황이 된 알렉산더 6세는 결코 참된 교황이 될 수 없다는 사실을 확신하고 있었다. 그는 교황 제도 자체를 부인하거나 거부하지는 않았다. 그러나 등극한 교황이 하나님의 사랑과 신의를 저버리는 자라면 교회는 그를 교황으로 받아 복종할 필요가 없다고 확신하고 있었다. 알렉산더 6세가 바로 그런 사람이었다. 그는 일찍이 교황이 되기 전부터 죄악된 생활로 유명하던 보르기아인 알렉산더였다.

그는 스페인 사람이었으며, 역대 교황들 가운데 가장 사악한 사람이었다. 그는 교황이 되었을 때 이미 다섯 명의 사생아가 있었는데 자기의 권세를 이용해서 그들에게 세상의 부귀영화를 누리게 해주는 것이 그의 주된 관심사였다. 교황이 그 자녀들의 진로, 결혼 등에 어떤 영향을 끼치는지가 유럽 정치 전체에 영향을 주었다고 하니, 교회와 세상의 어두움이 얼마나 극심했겠는가를 짐작하고도 남음이 있다. 그는 양심에 화인 맞은 자처럼 행동했다. 자기의 계획이 성공할 수 있고 자기의 야심이 충족될 수만 있다면 모함을 서슴지 않았으며, 심지어는 독극물에 의한 살인까지도 주저하지 않았다.

 기롤라모 사보나롤라는 그 교황이 거듭나지 못했다고 확신하고 있었으며, 심지어 무신론자(無神論者)라고까지 믿고 있었다. 그는 엄청난 일들을 착수했다. 그는 유럽 제국(諸國)의 황제와 국왕들에게 이 같은 자기의 소신을 밝히고, 공의회를 소집하여 거기에서 알렉산더 6세의 교황 됨의 불법성을 확증하려고 시도했다. 그야말로 중세 시대에는 상상도 할 수 없는 일이었다.

 우리는 그의 이 용기가 단지 그의 기질에서 우러나온 것이 아니라, 진리를 경험하고 하나님의 의를 확신한 선지자들과 위대한 설교자들에게 깃들여 있었던 신적 용기임을 의심할 수가 없다. 예수님 당시의 세례 요한이 그 엄청난 종교계의 타락과 시대의 불의 앞에서 하나님의 나라가 가까웠음을 외치고 회개를 선포했던 것처럼, 기롤라모 사보나롤라의 외침도 그러했던 것이다. 그의 이러한 용기 있는 선포 사역을 볼 때마다 우리는

  기롤라모 사보나롤라

우리 자신이 얼마나 왜소한 존재인지를 깨닫게 된다. 그는 오직 진리를 말하고 하나님의 뜻을 외쳤으며, 그로 인하여 받는 고난을 조금도 두려워하지 않았다.

악한 시대의 패역한 장벽이 무너지고 하나님의 나라의 통치가 "물이 바다를 덮음같이"(합 2:14) 가득한 세상이 오게 하기 위해서는 이렇게 거룩한 강인함(holy toughness)에 붙잡힌 사람이 되어야 한다.63)

사보나롤라, 그는 중세의 세례 요한(John the Baptist of the Middle Ages)이었다. 자기의 생명은 오직 하나님의 손에 있으며, 그의 꿈은 오직 하나님을 위하여 죽는 것임을 늘 확신하며 살았던 사람이었다. 그에게는 완전한 헌신이 있었기에 그의 심령 속에 있는 온전한 신적 용기가 그의 모든 선포 사역을 지원하고 있었다. 그는 마치 스코틀랜드의 개혁자 존 녹스(John Knox)처럼 실로 하나님과 죄(罪)밖에는 아무것도 두려워하지 않는 듯한 삶을 살았던 설교자였다.

그리고 그가 이같이 자기의 최종적인 입장을 밝히고 결단을 내린 것은 결국 그로 하여금 순교의 길을 재촉하게 하는 것이었다. 그는 이렇게 설교했다. "이탈리아의 모든 도시들에는 끔찍스러우리만치 추악한 것들로 가득 차 있습니다. 보십시오. 거룩한 교회 안에서 모든 은혜의 행위들이 돈으로 이루어지

---

63) 김남준, 「교회 갱신과 설교의 회복」(안양: 도서출판 솔로몬, 1992), 제5장 참조.

고 있습니다. 울리는 종소리는 마음의 탐욕으로부터 멀리 퍼지고 있으며, 교회 안에 있는 자들은 오직 돈, 빵 그리고 양초만을 외쳐 댑니다. 그들은 하나님의 은혜를 돈을 받고 팔며, 돈을 받고 성찬을 베풀어 주고, 거룩한 결혼 미사도 받은 대가로 드려지고 있습니다. 이 모든 것을 믿음이 아닌 탐욕으로 하고 있습니다. 하나님의 은혜가 아니고 돈 때문에 행하고 있습니다."[64]

　기롤라모 사보나롤라는 교황의 이 파문이 무효라고 선언하면서 투쟁을 시작했다. 그는 자신에게 파문을 선고한 교황 알렉산더 6세에 마주하여, 파문은 오히려 하나님의 사랑에 대치되게 행하는 알렉산더 6세에게 선고되어야 한다고 선포하고, 이전에 해 오던 예언자적인 설교를 계속했다. 그러자 플로렌스 내에 있던 정적들은 더욱 의기양양하여 무자비한 정치인들을 선동하고 또한 부화뇌동하는 군중의 심리를 이용하여 기롤라모 사보나롤라의 통치에 집단적으로 반발하도록 만들었다.

　기롤라모 사보나롤라는 교황의 파문이 부당하다는 사실을 말하지 않을 수 없었다. 교회의 지도자가 도덕적으로 아무리 심히 부패했다 할지라도 그리고 그가 부당한 명령을 내린다고 할지라도, 교회는 하나님이 세우신 기관이고, 교회를 다스리는 자의 직분은 하나님이 주신 것이며 또한 그의 명령은 하나님의

---

[64] W. Coark, *Savonarola*(Chicago: A. C. McClurg & Co., 1891), p. 132, 정장복, 앞의 책, p. 150에서 재인용.

이름으로 적용되는 것이기 때문에 모든 사람들은 맹목적으로 절대 복종해야 한다는 교황의 논리에 대하여 그는 양심과 신앙이 그것을 용납할 수 없음을 외치지 않을 수 없었다.

파문의 근거를 반박하는 설교가 행해졌고, 이렇게 행한 그의 설교는 모두 인쇄되어 이탈리아 전역으로 배달되었다. 이것은 교황으로 하여금 자신의 파문에 대해 기롤라모 사보나롤라가 조직적으로 반항하고 있다는 분노를 일으키게 했다. 교황은 곧 기롤라모 사보나롤라가 있는 플로렌스의 공의회 앞으로 몇 차례 공문서를 보냈는데, 거기서 그는 기롤라모 사보나롤라를 '지옥의 자식'이라고 욕하면서 그 미치광이 수도사를 즉시 로마로 체포하여 보내거나 혹은 엄격하게 감시하여 그로 하여금 설교하지 못하도록 막지 않는다면 시는 봉쇄될 것이고, 교황은 그 시에 더 큰 곤경을 안겨 줄 것이라고 하는 노골적인 협박을 서슴지 않았다.

한편, 협박어린 명령서를 접수한 플로렌스 공의회는 크게 두려워하면서 교황에게 간곡한 건의문을 보냈다. 기롤라모 사보나롤라를 넓은 아량으로 사면해 주십사 하는 것이었다. 그러나 교황의 태도는 더욱 강경했고, 협박은 강도(强度)를 더해 갔다. 결국은 공의회조차도 더 이상 사보나롤라를 지지하는 것이 불가능하다고 여겼다. 당면한 정치적 위협을 모면하기 위하여 우선 공의회는 사보나롤라가 플로렌스에서 설교하는 것을 금지시키는 결정을 내렸다. 이제 기롤라모 사보나롤라는 최종적인 결단을 하지 않을 수 없는 상황에 처하게 되었다.

그는 이 큰 위기 앞에서 깊이 기도하며 이제껏 걸어온 자신의 길은 옳았으며, 교황의 이러한 비성경적이고 반기독교적인 태도에 대하여 대항하는 것은 결코 자신의 감정에서 비롯된 것이 아니라, 부패한 교회의 개혁을 위해 하나님께로부터 받은 소명임을 다시금 확신했다. 더욱이 그래도 이제껏 자신을 도와주던 플로렌스의 정치적 지도자들까지도 교황의 협박에 못 이겨 믿음을 버리고 그의 손 안에서 놀아나는 것을 본 그는 이제껏 미루어 왔던 마지막 결단을 내리고 교황을 향해 정면 도전하기로 결심을 굳혔다.

'불의 시험' 이후 발생한 폭동

주가 큰 고난 당하셨도다

우리가 그의 생애를 살펴볼 때 지울 수 없는 인상은 복잡한 정치적 상황 속에서도 항상 담대했다는 것이다. 그는 처음 선포 사역을 시작하던 때부터 동지들을 규합하는 일에 몰두한 것이 아니라 하나님의 말씀을 자신에게 주시는 그대로 선포하는 일에 몰두했다. 수도원에서 사람들에게 큰 감화를 주어 많은 추종자들이 생겼지만, 그는 그 시대의 부패한 교회와 시대를 개혁함에 있어서 이들을 의지하거나 이들과의 규합에 기대를 걸었던 것 같지는 않다.

이러한 태도는 플로렌스의 정권을 쥐게 된 이후로도 일관성 있게 계속되었다. 그는 선지자적인 통찰에 사로잡혀 있었고, 그래서 그의 마음은 온통 하나님의 의(義)와 사랑을 도시 안에 회복시키는 데 집중되어 있었다. 흔히 구약의 선지자들에게서 볼 수 있는 하나님만을 바라보는 분명한 소명의식이 그를 지배하고 있었던 것을 느낄 수 있다. 그가 구약성경, 특별히 선지서들을 사랑했던 것을 생각해 볼 때 자신의 삶 속에서 선지자적인 말씀 사역의 태도가 견지되기를 열망했을 것이라는 추측이 가능하다. 그리고 이와 같은 추측은 어느 정도 사실로 드러남을 볼 수 있다. 따라서 플로렌스의 공의회가 사보나롤라에게 등을 돌린 것은 그에게 예기치 못한 일은 아니었다. 그러므로 그는 정말 심각한 결단을 스스로 내리지 않을 수 없었던 것이다.

한편, 교황 알렉산더 6세는 교회와 세상 사람들로부터 점점 신임을 잃어 가고 있었다. 사람들은 그가 추기경들을 돈으로 매수하여 교황의 자리에 오른 것을 알게 되었다. 뿐만 아니라 보르기아인인 교황의 이 같은 악행은 교황의 자리에 오른 이후로도 계속되었는 바, 무자비한 살인, 계속되는 비행, 성직의 매매, 철면피할 정도로 뻔뻔스러운 친척의 등용, 엄청난 공금의 착복, 교황청 안팎에서의 사생활에 대한 여러 가지 추문, 불륜 관계를 통하여 낳은 사생아들의 방탕과 이들에 대한 엄청난 재정적 후원 등으로 그의 평판은 악화일로를 치닫고 있었다.

기롤라모 사보나롤라는 생각했다. 교황이 이처럼 신임을 잃고 그 권위가 떨어져 가고 있는 상황이야말로 교황을 탄핵하고 교회를 새롭게 개혁할 수 있는 기회라고 믿었다. 그는 모든 유럽의 영주들에게 호소하여 전체적인 회의를 열고 교황의 비행을 폭로하며 교회의 부패를 고발해야겠다고 생각했다. 사보나롤라는 만약 그들이 정치적으로 동의해 준다면 알렉산더 6세를 교황의 자리에서 내어 쫓는 일이 가능하다고 믿었다. 그는 드디어 간곡한 어조로 타는 듯한 긴박감을 느끼며 유럽의 영주들에게 서한을 보냈다.

"교회는 머리 끝부터 발 끝에 이르기까지 부끄러움과 죄악으로 더럽혀져 있습니다. 여러분은 이러한 위기 가운데 있는 교회를 구출해 내는 대신에, 이 모든 악의 근원을 향하여 머리를 숙여 왔습니다. 주님께서 진노하사 오랜 세월 동안 교회를 목자 없이 버려 두신 것도 바로 이 때문이었습니다. 나는 하나님의 말씀으로 확신하건대, 알렉산더 6세는 이제 결코 교황이 아니며 우리가 그를 교황으로 생각해서도 안 된다고 봅니다. 왜냐하면 그는 사도 베드로의 거룩한 자리를 죄악된 뇌물로 빼앗았으며, 또한 아직도 성직을 얻기 위하여 돈을 들고 오는 자들에게 교회의 거룩한 직분을 팔고 있고, 그것 말고도 수많은 범죄가 있음을 이미 전 세계의 사람들이 알고 있는 바입니다. 나는 단언합니다. 알렉산더 6세는 기독교인도 아니며 하나님의 존재를 믿지도 않는 불신자입니다."

그는 이 편지 속에서 구체적인 정치적 제안을 했다. 즉 영주들에게 적당한 때에 가장 중립적인 장소에서 이 문제를 다룰 전체 회의를 열자는 제안을 한 것이다. 그러나 불행한 일이 생겼다. 프랑스로 가던 그의 전달자가 스파이를 만나 편지를 빼앗겼던 것이다. 그것은 교황에게까지 보고되었다. 사보나

주가 큰 고난 당하셨도다

롤라가 유럽의 영주들에게 보내는 탄원서를 읽은 교황의 분노는 그야말로 하늘에 달했다. 그는 기롤라모 사보나롤라를 반드시 죽여야겠다고 결심했다.

이때 사보나롤라의 추종자들에 의하여 어리석은 사건이 발생했는데, 이것은 사보나롤라로 하여금 순교를 향하여 한 발자국 더 빨리 다가가게 했다. 즉 1498년 4월 7일에 있었던 소위 불을 통과하는 시죄법(試罪法)의 사건이었다.

싼타크로체의 프란시스 교단이 있었는데, 그들은 같은 수도단으로서 사보나롤라가 지도하는 도미니크파 종단이 경건과 학문과 인격에 있어서 대중들에게 자신들보다 우월한 명성을 얻고 있음에 대하여 늘 시기심을 품고 있었던 사람들이었다. 그들은 도미니크파 교단은 참 하나님의 교단이 아니며 자신들이야말로 참 하나님의 교단임을 공공연하게 주장했다. 그러고는 프란체스코 수도회의 한 수사가 "양쪽 수도원에서 대표를 뽑아 타오르는 불길 가운데로 지나가게 하여 그들 중 불에 타지 않는 사람이 속한 교단이 참 하나님의 교단인 것으로 결정하자"고 제안했다. 사보나롤라가 이것을 미리 알았더라면 아마 받아들이지 않았을 것이다. 그는 신비적인 요소를 가지고 있기는 했으나, 이처럼 무모한 일에 종단(宗團)의 운명을 걸지는 않았을 것이다. 그러나 사보나롤라의 추종자 가운데 우두머리인 프라 도미니코 다페샤(Fra Dominico Dapesha)라는 수도사가 있었는데, 그는 성급하게 그 도전을 받아들였다. 그러나 어떤 역사가들은 이 같은 불 시험을 통해 신앙적 정당함을 드러내는 것은 전통이 있는 제도였기 때문에 사보나롤라 자신이 토론을 통하여 이 시험에 응하기로 했다고 보는 사람들도 있다.[65]

그 제안은 분명히 사악한 계략이 숨어 있는 것이었다. 이 프란체스코 종단의 수도사는 이 같은 내기를 하는 과정을 통하여 그에 대한 대중들의 분노를 더욱 자극했다. 드디어 그 날이 왔다. 사람들은 이 흥미 있는 불의 시험 광경을 목격하기 위해서 엄청나게 모여들었다. 프란시스 종단의 사람들도 왔고, 사보나롤라와 도미니크 종단의 추종자들도 나왔다. 그러나 큰 무리가 모여들고 불 시험의 시작을 앞두고 확정되지 않은 절차 문제로 논쟁이 벌어졌다. 더욱이 때마침 커다란 폭풍우가 몰려와서 불 시험은 연기되었고, 프란시스 종단 사람들은 신속히 도망쳤다. 미리 계획되었던 각본이었던 것 같다. 실망한 군중들의 분노는 어정쩡하게 남아 있던 사보나롤라와 도미니크 종단의 사람들을 향해 쏟아 부어졌다.

그들은 즉시로 큰 폭동을 일으켰다. 사보나롤라와 그 추종자들뿐 아니라 수도원과 도시의 시가지(市街地)까지 공격했다. 이러한 폭동은 수 주일 동안 계속되었다. 이제 사람들은 호전적이 되었고, 이에 도시 정부는 사보나롤라와 그를 따르는 두 명의 제자들을 체포하여 이단자로 재판했다. 여기서 그들은

---

65) 맹용길, 앞의 책, p. 407.

가장 널리 알려져 있는 잔악무도한 고문을 받았다.

사보나롤라는 '이단자, 이교자, 교황청을 멸시한 자'로서 사형 선고를 받았다. 그러나 어두운 감방에서 손이 묶인 채 학대를 받아 피투성이가 된 몸으로 쓴 그의 최후의 기록들은 그가 진실로 거룩한 그리스도인이었음을 입증해 준다. 그는 그 고통스러운 옥중에서도 시편을 묵상하면서 50편, 51편 그리고 30편, 31편에 대한 주해를 썼다. 이것들은 모두 죽기 전까지 손이 묶인 채 감옥에서 집필한 것이었다. 그는 옥중에서도 들어 줄 사람이 없는 설교를 작성하고 있었던 것이다. 몸은 착고에 매였으나, 그의 영혼은 오히려 고양되어 있었다. 몸은 묶였으나, 하나님의 진리를 말하고 싶은 그의 영혼의 갈망은 아무도 막지 못했다.

첫 번째 것은 순수하게 경건주의적인 작품으로서 시온이 미래에 다시 설 것이며, 사보나롤라 자신은 그리스도의 십자가 위에 희생물로서 기꺼이 자신을 드린다는 비전으로 끝맺고 있다. 두 번째 작품인 시편 30편과 31편에 대한 주해는 완성을 하지 못하고 죽었는데, 여기에는 사보나롤라의 개인적인 특징이 잘 드러나 있다. 이 작품은 사보나롤라 개인의 영혼 속에서 일어나고 있는 희망과 좌절 사이의 갈등을 묘사하고 있다. 자기가 받은 계시들이 하나님께서 비추어 주신 것이라고 변호하고 또한 예수 그리스도와 그의 이름에 대하여 고백하는 자기의 신앙을 토로함으로 끝을 맺고 있다.

기롤라모 사보나롤라

시편 51편을 주해하는 가운데 그는 특별히 결코 죄인들이 행함으로써 구원을 얻는 것이 아니라, 그리스도를 믿음으로써 구원받는다고 하는 이신칭의(以信稱義)의 교리를 명백히 밝혔으니, 구원에 관한 그의 신학적 입장은 후일 개혁가들의 입장과 기초를 같이 했다. 그래서 후일 루터도 그의 시편 주해를 높이 평가했으며, 1523년 그의 설교에 자신의 서문까지 붙여 주어서 간행했다.

또한 그는 감옥에 있는 동안에 끊임없이 자신을 성찰하면서 이제껏 자기가 올바로 행해 왔는지에 대해서 몇 번이고 되물었다. 그는 교회가 신성한 저항권을 가지고 있다고 확신했다. 그리고 그는 이러한 확신에 따라 참된 교황이 아닌 사이비 교황에 대하여 이러한 저항권을 사용했다. 사보나롤라는 결코 교회나 교회의 거룩함, 교황직이나 교황직의 신적 권위에 대하여 의심하지 않았고 공격한 적이 없었다. 오히려 이것들을 위해 그의 생명을 바쳤다. 그는 직분과 사람을 철저하게 구별했다. 이것이 바로 개혁가로서의 그의 한계였다. 다시 말해서 그는 교리를 개혁하는 데 몸 바쳤다기보다는 부패한 교회의 비참한 영적 상황을 타개하려고 몸부림친 사람이었다. 그래서 가톨릭에서는 이 사람에 대해서 긍정적인 평가를 내리는 학자들이 늘어 가고 있다. 그리고 그를 복자로 추대하려는 시복 운동을 벌이고 있는 도미티크 종단에 대하여 동정적인 공감을 표하는 가톨릭 신자들이 늘어나고 있다.

주가 큰 고난 당하셨도다

리돌피(R. Ridolfi)는 그의 처형 장면을 다음과 같이 묘사했다. "기롤라모 사보나롤라를 비롯한 세 명의 순교자들은 이제 텅 빈 복도를 지나기만 하면 십자가에 다다르도록 되어 있었다. 그들은 얇은 흰옷을 입은 채로 복도를 걸어내려 갔으며, 각 사람들은 검은 옷을 입은 수사와 또 다른 위로자를 한 사람씩 동반하고 있었다. 몇몇 나쁜 아이들이 복도 밑으로 내려가서 복도의 판자에 난 구멍을 통해 이 세 사람의 맨발을 날카로운 바늘로 찔렀으나, 그들은 이러한 조롱과 모욕을 한 몸으로 받으면서 묵묵히 자기 자신의 길을 걸어 내려갔다."[66]

사보나롤라는 그의 수도사들과 함께 죽기 전에 아주 경건하게 고해성사를 받고 영성체를 했다. 그는 결코 이단자가 아니었으며, 거룩한 개혁가였다.

이윽고 사보나롤라는 자신에게 고해를 받은 신부에게 위하여 기도해 달라고 말한 다음에, 작은 신조를 암송하면서 교수대(絞首坮)가 있는 계단으로 걸어 올라갔다. 맨 꼭대기에 올라갔을 때 그는 자신이 선포하는 설교단 아래서 환성을 지르거나 눈물을 흘리던 그 수많은 군중들을 내려다보았다. 밧줄이 그의 목에 걸쳐졌고, 줄은 당겨졌다. 사형 집행인은 즉시 사보나롤라의 생명이 붙어 있는 동안에 그가 화염의 고통을 받도록 장작더미

---

66) Robert Ridolfi, *The Life of Girolamo Savonarola*, trans. by Cecil Grayson (London: Routledge and Kegan Paul, 1959) pp. 269-70. 맹용길, 앞의 책, pp. 408-9에서 재인용.

위에 불을 붙이려고 했다. 사형 집행인은 쇠고리를 떨어뜨리고 불을 붙였다. 그러나 그때 사보나롤라는 이미 죽은 후였다. 1498년 5월 23일 오전 10시경의 일이었다. 수많은 군중들이 모여 있는 플로렌스 중앙 광장, 그가 그토록 사랑하던 조국 플로렌스의 광장에서 마지막 자신의 몸을 거룩한 하나님 앞에 순교의 번제로 드렸던 것이다.

마치 보헤미아의 존 후스(John Huss)가 화형을 당할 때 그러했던 것처럼 플로렌스의 군중들은 힘없이 걸어 나오는 사보나롤라를 향하여 "선지자여, 너의 권세를 버리고 이전의 기적을 행해 보라"고 소리질러 댔다. 그러나 사보나롤라는 고요히 침묵을 지켰다. 거룩하신 하나님의 아들 그리스도께서도 같은 조롱과 배척을 받으시지 않았던가. 교회의 한 주교가 다가와서 그에게 최종적인 임종의 선언을 했는데, 이 사람은 지난날 사보나롤라의 교훈을 받고 그를 추종하던 수도사 중의 한 사람이었다. 그는 다가와서 그에게 말했다. "나는 그들을 전투적인 지상의 교회와 승리의 천상 교회로부터 영원히 분리시키노라."

그러자 기롤라모 사보나롤라는 이렇게 대답했다. "나는 전투적인 지상의 교회에서 떠나갑니다. 그러나 승리의 천상 교회로부터 떨어져 나가는 것은 아닙니다. 오히려 나는 그 교회로 들어가려고 합니다. 당신들은 지상의 교회로부터는 나를 분리시킬 수 있으나, 승리의 천상 교회로부터는 나를 분리시킬 수 있는 권한이 없습니다." 그러자 이 주교는 자신의 선언이 잘못

되었으며 신학적으로 사보나롤라의 대답이 옳다는 것을 시인했다고 한다.[67]

사보나롤라는 진리의 편에 선 사람들 특유의 담대함으로 악랄한 처형을 맞이했다. 그는 이전에 플로렌스에서 첫 번째 설교를 하면서 자신은 거기에서 8년 동안만 설교할 것이라고 예고했고, 자신이 이 설교 사역으로 말미암아 순교할 것이라고 예언했었다. 그가 그토록 사랑했던 플로렌스, 설교자로서 수많은 추억을 그에게 안겨주었던 그 플로렌스의 광장에서 숨을 거두며 마지막 남긴 말은 "주님께서는 나를 위하여 큰 고난을 당하셨도다"였다.

이렇게 해서 종교개혁 이전의 가장 위대한 개혁자 중 한 사람이 세상을 떠난 것이다. 그는 죽었고, 교황청은 이 의로운 개혁자에 대한 인상과 기억을 사람들의 뇌리에서 모두 지워 버리려고 시체를 태워 아르노(Arno) 강물 위에 뿌렸다.

대적들은 이처럼 조국 플로렌스를 사랑하고 하나님의 의를 사모했던 개혁가, 고통받는 백성들의 벗이며 또한 길을 찾는 사람들에게 진리를 설교하는 일에 생명을 바쳤던 기롤라모 사보나롤라를 백성들로 하여금 사형에 내어 주도록 충동했던 것이다. 그러나 어떤 역사가에 의하면 프로렌스 광장에 있던 사람들 중 어떤 이들은 사형장에서 사보나롤라의 목숨이 채 끊어지

---

[67] Sidney Hughton, 「기독교회사」, 정중은 역(서울: 나침반, 1988), pp. 124-25.

기 전에 벌써 사보나롤라를 향한 자신들의 불의한 일을 후회하고 회개하는 사람들이 있었다고 한다. 그들은 사보나롤라가 처형당하는 장면을 보면서 자신들이 하고 있는 일이 얼마나 잔악하고 죄악된 일이었으며, 사보나롤라야말로 참으로 자기들의 영혼을 위해 애쓰던 의로운 은인이었음을 깨닫게 되었다고 한다.68) 의로운 사람은 죽음으로써도 사람들에게 감화를 주는 것 같다. 그리하여 교황의 이 같은 철저한 처분에도 불구하고 많은 사람들이 이 용감한 수도사의 유물들-메달들, 피 묻은 유품들, 찢겨진 옷들, 머리카락, 설교 원고 등-을 간직하고 전해 왔다.

　　수 년 후에 마침내 로마가 독일인들에 의해 함락되자 어떤 사람들은 이것이 바로 사보나롤라의 심판의 예언이 성취된 것이라고 믿었다. 그 후 20세기에 들어서까지도 로마 가톨릭 교회 안에서는 이 도미니크파 수도사야말로 성자(聖者)였으며, 그의 이름은 마땅히 성자의 명단에 포함되어야 한다는 주장들이 그치지 않았다.69)

---

68) E. S. 모이어, 「人物中心의 敎會史」, 곽안전, 심재원 역(서울: 대한기독교서회, 1988, 14판), p. 276.
69) 앞의 책.

설교자 사보나롤라

설교자 사보나롤라

사보나롤라의 설교는 교회의 극심한 타락을 지적하고 갱신을 촉구하는 내용이 주제를 이루었다. 우리가 기억해야 할 것은, 이 기롤라모 사보나롤라의 용기와 도전이 깃든 설교가 예언자적인 특성을 지니고 있다는 것이다. 그는 자신의 설교 사역을 위해 목숨을 내걸었다. 그의 설교는 단지 교회에 대한 것만이 아니었다. 그는 설교 속에서 설교를 듣는 청중을 교회와 성직자들과 교황, 심지어는 정치 지도자들과 일반 백성들까지로 확대시켰던 것이다. 왜냐하면 죄악은 곳곳에 만연되어 있었고, 불경건한 풍습은 온 도시에 가득했기 때문이다.

우리가 그의 설교와 또한 그의 설교 사역을 대할 때면 크게 감동을 받는 국면이 여러 가지가 있지만, 무엇보다도 놀라운 것은 현실 상황과 동떨어지지 않은 설교 내용이다. 그는 결코 단지 성경의 이야기를 설명하는 것으로 설교를 일관하지 않았다. 그의 설교는 항상 상황을 다루고 있었으며, 그리고 이러한 상황은 성경 본문 안에서 다루어지고 있었다. 그는 수많은 철학 서적을 섭렵했음에도 불구하고, 그의 설교는 성경을 토대로 하고 있었다.

그러나 그의 성경 해석은 엄격하게 말해서 종교개혁자들의 전통적인 성경 해석을 따르고 있지 않았다. 때로는 환상에 가득 찼으며, 어떤 때는 너무 극단적이었고, 어떤 때는 철학적인 사색과 알레고리컬(allegorical)한 방법을 취한 것도 많았다. 그럼에도 불구하고 분명한 것은 성경에 대한 그의 깊은 사랑이다.

때로는 본문을 해석하는 데 많은 시간을 소비하기도 했다. 그의 설교의 주제들은 대개 네 가지로 묶어 볼 수가 있을 것이다. 첫째는 신앙의 진리, 둘째는 기독교인의 삶의 단순성, 셋째는 임박한 몇 가지 특별한 사건들에 대한 경고, 넷째는 플로렌스의 새로운 정부와 정치다. 그의 설교 내용은 이러한 것들로 집중되었다. 사보나롤라의 설교는 이탈리아어로 되어 있고, 따라서 이탈리아어로 전해 내려오고 있다. 그러나 그는 보통 그 설교들을 미리 라틴어로 꼼꼼히 작성했다는 사실이 밝혀지고 있다. 그의 설교는 크게 열 번 정도의 과정을 거치면서 이루어졌는데, 그것을 나누어 보면 다음과 같다.[70]

1) 요한일서에 대한 설교: 이 연속 설교는 대체로 1491년경 쯤에 행해진 것으로 추정된다.
2) 시편에 대한 설교: 1493년의 강림절(降臨節)을 전후해서 설교했다.
3) 노아 방주에 관한 설교: 주로 1494년 사순절(四旬節) 기간 중에 행해졌다.
4) 학개에 관한 설교: 1494~1495년 사이에 설교되었다.
5) 시편에 대한 두 번째 설교: 1495년에 행해졌다.
6) 욥기에 대한 설교: 1495년 사순절(四旬節) 기간 동안에 행해졌다.
7) 아모스와 스가랴에 대한 설교: 1496년 사순절(四旬節)을 전후하여 행해졌다.
8) 룻기와 미가서에 대한 설교: 1496년에 행해졌다.
9) 에스겔서에 대한 설교: 1496~1497년 사이에 행해진 것으로 추정된다.
10) 출애굽기에 대한 설교: 1498년에 행해졌다.

몇 가지 설교들은 사보나롤라가 생존해 있을 때도 나뉘어서 출판되곤 했다. 요한일서와 시편 설교가 묶여서 1845년과 1846년에 플로렌스(Florence)와 플라토(Plato)에서 각각 출판되었다. 그리고 룻기와 미가서의 설교가 마찌니(Mazini)에 의해 편집

---

70) 그러나 사보나롤라가 설교가로서의 최초의 명성을 획득한 것은 이미 요한일서를 연속 설교하기 5년 전인 1486년의 일이었다. 즉 브레스키아(Brescia)에서 요한계시록의 본문을 가지고 설교했을 때이다.

되어 1889년 플로렌스에서 출간되었다. 사보나롤라에 관한 뛰어난 선집(選集)이 빌라리(Villari)와 카사노바(Casanova)에 의해 출간되었다. 비록 이 위대한 설교자 기롤라모 사보나롤라의 인격과 그의 신비로운 영역에 대한 기록들은 사라지고 우리는 주로 2차 보도자들에 의해서 그를 접하지만, 사보나롤라의 설교의 뚜렷한 특성과 그의 예언자적인 열정, 종교적인 헌신, 하나님의 의(義)와 그분의 통치에 대한 목마른 열망, 사람과 사람의 권위를 두려워하지 않는 그의 용기, 불의 앞에서 두려워하지 않는 거룩한 강직함 그리고 이런 것들을 설교를 통하여 청중들에게 심대한 감동을 불러일으킨 설교 사역들에 감동받지 않을 수가 없다.

지울 수 없는 인상은, 그의 여러 가지 신학적인 약점과 오류에도 불구하고 하나님께서는 그를 어두운 시대에 새벽을 부르는 설교자로 사용하셨다는 것이다. 그의 설교는 어디까지나 기존의 로마 교회 체제 속에서 그 체제의 본래적 의미를 회복하고 개혁함으로써 생명력을 불어넣는 것이었지, 결코 로마 교회의 비성경적인 제도를 부인하고 체제 자체를 교리적으로 개혁하는, 종교개혁가들이 꿈꾸었던 그런 새로운 교회의 수립은 아니었다. 여기에 사보나롤라의 개혁자로서의 한계가 있다.

그가 설교를 통해 도전하고 싶었던 것은 개혁을 통하여 위대한 도덕적 이상세계(理想世界), 곧 하나님이 다스리는 신정 통치(神政通治)의 세상을 꿈꾸었던 것이다. 그는 「십자가의 승리」(Triumph of the Cross)라는 논문 속에서 교리적인 입장을 표명했는데, 그것은 의심할 여지없는 가톨릭적인 교회관이었다.

"우리는 보이는 교회에서 보이지 않는 교회의 최상의 머리이신 예수 그리스도를 발견해야 합니다. 교회는 머리 되시는 한 분 그 그리스도 안에서 하나입니다. 하늘의 그리스도는 참되고 유일하신 교회의 머리이십니다. 그분은 '너는 베드로라 그 반석 위에 내 교회를 세울 것이다. 내가 천국의 열쇠를 네게 주노니 누구든지 땅에서 매면 하늘에서 매고 땅에서 풀면 하늘에서도 풀리리라'고 하심으로 사도 베드로를 이 땅에 있어서의 교회의 대표로 남겨 놓으셨던 것입니다. 하나님은 당신의 교회가 세상 끝 날까지 서 있으리라고 하셨는데, 이것은 단지 사도 베드로에게만 국한된 것이 아닙니다. 그의 위(位)를 잇는 모든 후계자들에게도 적용되는 것입니다. 따라서 모든 신자들은 교회 안에서 하나로 연합되어야 하며, 모든 교회의 어머니가 되는 로마 교회의 통수권에 복종해야 합니다. 교회의 교리와 하나됨으로부터 이탈하는 자는 그리스도로부터 떨어지는 것입니다."

이처럼 그는 가톨릭 안의 개혁자로서 한계를 지닌 설교가였다. 그는 시종일관 교회의 타락과 사회의 부패, 성직자의 타락 등을 책망했다. 그의 설교는 항상 죄악을 겨냥하고 있었으며, 설교 내용은 정확하게 죄악을 지적했고, 듣는 자들로 하여금 열매를 맺도록 촉구했다.

그는 분명히 아모스(Amos)와 같이 그 시대에 공의(公義)를 외친 설교가였으며, 후일 개신교의 설교적 전통에서는 보기 드문 예언자적 특성을 지닌 설교가였다. 그는 단지 예언적으로 설교했을 뿐만 아니라 실제로 그 시대의 정치와 사회 상황에 대하여 예언했다. 일찍이 도미니크파 수도원에 있을 때의 일이었다. 그는 기도와 명상으로 하나님을 섬기며 시대를 향해 직접적인 계시를 주시기를 동경했는데 마침내 하늘이 열리는 환상을 보았다. 그러고는 장차 교회가 맞게 될 모든 재앙이 그의 눈앞을 스쳐 갔다. 그는 그것을 백성에게 알리라고 하나님이 촉구하고 계신 것같이 느꼈다. 그 순간 그는 세상을 향해 자기에게 주신 거룩한 소명을 새삼 확신했으며, 그때 하늘로부터 오는 커다란 능력과 성령의 충만함을 받았다고 한다.[71]

이후로 그의 설교는 번갯불이 번뜩이는 섬광과 같았고, 울리는 천둥 소리와 같았다. 방탕하고 음란한 도시의 정신의 뿌리 부분에 심판의 도끼를 대는 것이 그의 직무였다. 그는 하나님의 연민에 대하여 설교하기보다는 오히려 심판과 진노에 대하여 설교함으로써 죄악된 도성을 영적 각성으로 이끌어 내고자 했다. 하나님의 사랑과 자비에 대한 메시지가 그의 설교에 인색하리만치 부족한 것은 아니었다. 그러나 그는 그 시대의 불의와 죄악상을 보면서 넘치는 열정으로 하나님의 심판을 설교함으로

---

[71] 제임스 G. 로슨, 앞의 책, p. 22.

써 그릇된 하나님과의 관계를 바르게 돌려놓고자 했다.[72]

그는 미래의 사건을 예언하는 것이 설교자에게 마땅히 있어야 할 하나님의 영감이라고 생각했다. 그는 하나님은 특별히 선택된 사람들에게 미래의 일을 나타내시곤 한다고 생각했다. 그것은 구약 시대의 예언자들에게만 있었던 것이 아니라 그 시대에도 그런 일들이 있을 수 있다고 믿었다. 마치 철학자들이 단지 철학을 함으로써 철학자가 되는 것이 아니라 뭔가 이성(理性)의 큰 빛이 그의 마음에 비춰게 될 때 철학의 원리와 진리의 체계들을 깨닫게 되는 것처럼, 설교자들도 이러한 초자연적인 하나님의 역사(役事)를 통해 예언을 받으며 이렇게 미래에 될 일을 확신하는 것이 선지자적인 소명의 기초라고 보았다.

그는 사도 바울과 앗씨시(Assisi)의 성자 프란시스와 그 외에 많은 성자들에게서 이러한 일들을 경험한 것을 찾아내었다. 그리고는 자신도 이런 사람들처럼 특별한 상황에 대한 특별한 예언을 하니님께로부터 받았다고 줄곧 믿고 있었다. 그리고 이것은 어떻게 객관적으로 증명될 수 있는 것이 아니라 초자연

---

[72] Phillip Schaff, *op. cit.*, p. 687. 로스코(Roscoe)는 그의 책 *Life of Lorenzo* 제8장에서 사보나롤라의 당시의 설교에 대하여 이같이 말했다. "사보나롤라의 입술에서 흘러나오는 설교는 천국의 이슬처럼 회중들 위에 내렸다. 그것은 내려 때리는 우박이었으며, 대지를 휩쓸고 지나가는 회오리바람이었으며, 쳐부수는 검이었다(The divine Word from the lips of Savonarola, descended not amongst his audience like the dews of Heaven. It was the piercing hail, the sweeping whirlwind, the destroying sword)." Sermon, March 14, 1498, Schotlmuller, p. 111. Roscoe; *Life of Lorenzo*, chap. VIII. Phillip Schaff, 앞의 책, p. 687에서 재인용.

적이고 신적인 것이기 때문에 단지 하나님과 자신만이 알 뿐이라고 주장했다. 여기서 우리는 왜 이따금 그의 설교가 성경 본문을 붙들기보다는 자신의 상상에 의존하곤 했는지에 대한 이유를 알게 된다.

그는 이탈리아에 전체적으로 죄악이 관영해 있음을 직시했다. 그리고 당시의 상황을 하나님께서 교회의 변혁을 위하여 직접 간섭하시지 않으면 안 될 위급한 상황이라고 보았고, 또 이러한 위급한 때에 자기를 하나님의 대언자(代言者)로 부르셨다는 신적인 확신을 갖고 있었다. 그러나 그것은 지나치게 주관적이었고 다른 사람들에게 입증할 수 있는 성질의 것이 아니었다. 그럼에도 불구하고 그의 생애를 통하여 몇 차례에 걸쳐서 미리 행한 예언들이 눈앞에서 성취되는 사례들이 나타나곤 했다. 그것은 이탈리아의 침공과 교황 식스투스 4세(Sixtus IV)의 죽음과 플로렌스의 기근과 염병에 관한 것이었다.

그는 설교를 통하여 북쪽 땅으로부터 하나님의 보내신 사자가 패역한 이탈리아를 심판하러 올 것이라고 예언했는데, 실제로 얼마 있다가 찰스 8세(Charles VIII)가 지휘하는 프랑스 군대가 그들을 침공했다. 또 교회가 하늘의 진노를 받아서 큰 벌을 받을 것이라고 예고했는데, 실제로 그 해에 교황 식스투스 4세가 죽었다. 또한 플로렌스가 극심한 가뭄과 전염병으로 위기에 처했을 때 이제 곧 하나님이 우리를 도와서 회복시키실 것이라는 예언을 했는데, 실제로 침노했던 프랑스의 군대들이 태도를 바꾸어 이탈리아인들에게 먹을 것과 입을 것을 가져다주는 이상한 일이 일어나기도 했다.

그는 자기의 예언이 현실 속에서 성취되었다고 확신했고, 이것은 곧 그가 설교 속에서 선포하는 예언이 하늘로부터 임한 것이라는 사실을 확증하는 증거가 된다고 믿었다. 그러나 참으로 그의 예언이 자기의 주장과 같이 그렇게 신적인 것이었는지에 대해서는 우리는 무어라고 말할 수가 없다. 어쩌면 그가 당시의 정치 상황을 바라보는 뛰어난 통찰력과 예언의 애매한 표현들이 후일 여러 갈래의 해석을 가능하게 만든 것은 아닐까?

이 점에 대해서 사보나롤라는 자기가 본 중요한 환상들을 설명해 놓은 「계시 편람」(*Compendium Revelationum*)을 출간했다. 그런데 그가 목격한 환상들 가운데 어떤 것들은 중세의 신비적인 환상가들이 본 공상들과도 유사한 것들이 많이 나오지만, 또 어떤 것들은 사보나롤라가 의미를 부여하지 않을 수 없을 것 같은 그런 극적인 것들도 포함되어 있다. 그는 파문당한 직후인 1497년에 「참된 예언의 변호」(*dialogos de veritate prophetica*)를 발표했는데, 이것은 단순히 이전의 자기의 발언들을 변증하기 위한 것이 아니라 개혁의 예언자로서 자기의 선지자적인 태도를 변증하려는 작품이었다.

이 책은 전반적으로 기롤라모 자신은 기만자가 아니며 또 영적으로 기만당한 자도 아니라는 것과, 그가 단지 이성의 빛을 통하여 성경에 대한 이해를 통해 그리고 영적인 삶의 실천을 통해 얻었던 것에 더해서 하나님께로부터 직접적인 계시를 받았다는 점을 변증하고 있다. 그는 이러한 신비적인 계시를 통하여 하나님을 향한 열정이 더욱 강렬해졌고 자기의 내적이고 영적인 삶은 순수함을 더해 갔다는 것을 말하면서, 이것이야말로 자기의 신비한 경험이 지극히 올바른 것임을 입증한다고 주장했다.

그는 많은 약점들을 가진 설교자였다. 그는 자신이 하나님의 말씀을 그대로 증거한다는 설교자 고유의 의식보다는 때때로 예언자적인 신탁과 확신을 설교하는 자라는 자기 도취 의식에 빠지기도 했다. 그럼에도 불구하고 그는 앗씨스의 성자 프란시스와 마찬가지로 복음에 눈을 떴다. 그는 믿음으로 구원을 얻는다는 사실을 공공연하게 선포했다. 그는 인간을 죄에서 구원하는 것이 결코 미신적인 기부 행위나 인간의 공로에 의하여 이루어지는 것이 아니라, 그리스도 십자가의 보혈과 하나님을 믿는 믿음으로 구원을 얻는다는 소박한 논리를 제시했다. 물론 그가 이신칭의의 교리를 미리 알고 체계화한 것은 아니었다. 그럼에도 불구하고 우리는 그의 설교 속에서 그의 개혁 사상이 후대에 종교개혁자들에게 정신적인 토양을 제공해 줄 수 있는 여지를 발견하게 된다.[73]

---

[73] 사보나롤라의 설교에 나타난 사상을 정확히 이해하기 위해서는 그가 쓴 여러 저작물들을 함께 읽어야 한다. 왜냐하면 그 저작물들 안에는 그의 설교의 바탕이 되는 사상이 잘 나타나 있기 때문이다. "신자들에게 보낸 서신의 형태를 띤 것들을 포함한 그의 종교 논문들은 그의 설교 속에 흩

교황이라 할지라도 그가 하나님의 의와 사랑을 따르지 않을 때 교회는 그의 말을 듣는 것보다는 하나님을 기쁘시게 하기 위하여 그에게 저항하는 것이 옳다는 주장이나 구원을 위한 심각한 회개의 강조, 믿음이 이 같은 회개를 통하여 생겨난다는 신학적 표명, 그리고 인간이 하나님께로부터 지은 바 된 티끌과 같은 피조물로서 그분의 영광을 위하여 사는 것이 행복의 근원이라는 확신 같은 것들은 당시의 어두운 교회의 상황에서는 충격적인 발언이었다. 이런 것들 속에 번뜩번뜩 나타나는 복음적인 성격들을 우리는 귀하게 받아들이지 않을 수 없는 것이다. 그리고 그는 설교 사역을 통해서 필연적으로 미사(Mass)라고 하는 당시 전통적인 가톨릭 교회의 예배 형식을 타파하고 있다는 사실도 간과해서는 안 된다.

그는 묵시적인 사상과 예언자적인 소명의식, 퇴폐적인 교회에 대한 임박한 심판, 하나님의 의로우심 그리고 그로 말미암는 심판 등을 설교했고, 이 설교는 항상 장시간 계속 되었다. 그러므로 그가 인도하던 예배에서는 형식적으로 몇 구절 성경을 읽어 주는 것으로 자리를 차지하는 것이 상례로 되어 있던 설교의 위치가 당시로서는 턱없이 확장되고, 따라서 다른 미사의 순서들은 구석으로 밀려나게 되었다.

어져 발견되고 있는 사상들을 보다 학문적으로 체계 있게 설명하고 있다." cf. 기독교대백과사전(서울: 기독교문사, 1985), vol. 8. p. 511. Villari and Casanova, *Scelta di prediche et scritti*, p. iv에서 재인용.

한마디로 그의 사역은 참으로 설교를 중심으로 한 것이었고, 따라서 예배 중심에 설교가 왔다는 점에서는 종교개혁가들의 선배가 될 수도 있다. 그는 형식에 있어서 매우 자유로운 입장을 가졌다. 어떤 일관된 틀이 있는 것은 아니었다. 어떤 때는 시종일관 당시의 잔악과 부패를 규탄하는 웅변 같은 것으로 이어지기도 했지만, 어떤 때는 비록 우리가 완전히 동의하고 시인해 줄 수는 없으나 설교 시간 중 대부분을 성경을 해석하는 일에 몰두했다는 것이 분명하다. 그래서 어떤 때는 설교가 처음부터 끝까지 성경 본문을 해석하는 것으로만 계속된 경우도 있었다고 한다.

그는 주의를 기울이지 않는 성경 말씀이 거의 없었으며, 성경을 구석구석 거의 대부분 암송하고 있었다고 한다. 그는 설교할 때마다 성경 속에서 끝없는 예증을 끌어들였으며, 특이한 재능으로 성경 본문을 해설하면서 이책 저책에서 여러 구절들을 실타래처럼 끊임없이 끌어와서 이어주며 인용하곤 했다. 그의 설교는 상당히 학식 있는 설교였다고 한다. 무엇보다도 이 같은 미사 형식에 대한 파격은 예배에 대한 그의 확신이 전통적인 가톨릭의 입장을 다소 떠나 있었기 때문이다.

그는 1491년 이후 다소 많은 분량의 작은 신학 논문들을 집필했는데 그 안에서 예배에 대하여 많은 이야기를 하고 있다. 여기에서 그는 내면적인 심령의 예배가 외적인 형식의 의식(儀式)보다 훨씬 더 열매가 많고 하나님을 더욱 기쁘시게 한다고 끈질기게 되풀이하여 설명하고 있다. 그럼으로써 그는 후기 미사 속에서 깃들게 된 여러 가지 미신적인 요소들에 대하여 신학적으로 입장을 달리하고 있음을 암시하고 있다. 그는 예배의 중심점을 오히려 설교 사역에 두었다는 점에서 그 시대 가톨릭 교회의 아들이기를 거부했다고도 말할 수 있다.

그는 토마스 아퀴나스(Thomas Aquinas)의 가톨릭 정통신학을 학문적인 바탕으로 깔고 있었다. 그래서 어떤 사람들은 사보나롤라의 설교가 토마스 아퀴나스와 종교개혁 이후에 일어나는 부흥 운동의 이상한 혼합이라고 하기도 했다. 그는 설교할 때마다 성경 본문과 자신이 증거하고자 하는 어떤 주제에 대하여 마치 신학자와 같은 엄밀함과 철학자와 같은 꼼꼼한 분석으로 설교를 진행해 가곤 했다.

그러다가도 사람들이 그의 설교의 논리적인 전개 앞에서 지루해지거나 졸음이 올 만할 때가 되면 갑자기 천둥과 번개가 치는 것 같은 대담한 언어와 압도적인 선포, 불타오르는 듯한 격한 도전 같은 것들을 폭풍우처럼 토해 놓곤 했다고 한다. 우리가 그의 설교 세계를 살펴볼 때 간과해서는 안 될 점은, 비록 해석은 올바르지 않은 경우가 종종 있었어도 확실히 그는 본문에 대한 뛰어나고도 해박한 지식을 가지고 있었다는 점이다. 그는 성경에 나오는 여러 가지 비유나 묘사, 단어 등등에 관해 분명한 견해를 가지고 있었다.

우리는 흔히 그를 생각할 때 열정에 들뜬 덤벙대는 수도자로 이해하기가 쉬운데, 그는 결코 그렇지 않았다. 그는 학구적인 설교자였다. 그는 학문의 연구야말로 개혁의 모든 정신을 제공해 주며 교회 갱신의 토대가 된다고 믿고 있었다. 그는 히브리어와 헬라어는 물론이고 아랍어까지도 통달했다. 뿐만 아니라 라틴어, 고전 헬라어 등등에도 뛰어난 지식을 갖고 있었다. 그는 설교 원고를 라틴어로 작성할 정도로 어학에 탁월한 사람이었다. 그러므로 성경 원문에 해박한 지식을 가진 그의 설교는 언제나 본문을 소홀히 하지 않았다. 말씀에 대한 사랑이 그로 하여금 그처럼 성경에 대한 긴 주해를 가능하게 했던 것이다.

그의 설교 사역을 종합해 볼 때 또 하나의 특성이 나타나는데, 그것은 연속 설교를 즐겼다는 것이다. 종교개혁자들이 성경의 이 본문 저 본문에서 즉흥적으로 설교하기보다는 연속되는 본문에 대한 설교를 즐겨 했다는 사실은 이미 알려진 바이다. 그런데 사보나롤라는 이미 한 세대 앞서 이 같은 설교 방식을 택하고 실행했던 것이다. 우리가 아는 바와 같이 요한 크리소스톰(John Chrysostom)이나 요한 칼빈(John Calvin), 그리고 매튜 헨리(Matthew Henry)와 같은 설교의 대가들의 주석은 주석으로 쓰여진 것이 아니라 연속되는 설교들을 받아 적어 모아 둔 것이다. 기롤라모 사보나롤라는 바로 이 같은 연속 설교를 통해서 그의 선포 사역을 수행해 나갔다. 성경 전체를 차례대로 설교하지는 않았으나, 약 열 번의 기간에 걸쳐서 연속 설교를 했다. 구약에서는 시편, 창세기, 욥기, 룻기, 학개, 스가랴, 아모스, 미가서, 출애굽기 등이 연속 설교로 행해졌다. 신약에서는 요한일서에 관한 연속 설교가 1491년경에 행해졌다.

그는 성도들의 삶에 대하여 설교할 때마다 겸손, 기도, 사랑과 같은 경건한 주제들을 주로 다루었다. 그는 모든 신자들이 항상 참된 교회 안에 있음을 가르쳤으며, 그 바쁜 사역의 와중에서도 하나님의 말씀을 깊이 묵상하는 일을 그치지 않았다. 하나님은 이렇게 하나님의 교회와 조국을 사랑하고, 거룩함을 추구하며, 성경을 묵상하는 사보나롤라에게 시시때때로 하늘의 문을 여사 참된 기독교 신앙의 장엄함을 보게 하셨다. 그는 차가운 마룻바닥에 엎드려 하늘로부터 내려오는 권능을 구했고, 하나님께서는 그의 설교에 성령을 부어 주시기를 주저하지 않으셨다.

그는 결코 한없이 강한 사람은 아니었다. 로마 교황청에 의하여 체포되었을 때, 그는 때로는 모진 고문과 핍박에 못 이겨 자기의 확신에 배치되는 약속을 하지 않을 수 없을 때도 있었다. 그는 분명히 연약한 한 수도사에 지나지 않았다. 그러나 하나님이 그를 강하게 하셨다. 개혁의 소용돌이의 한가운데 있을 때는 사악한 원수들이 안팎에 있었고, 목숨을 노리는 도전과 유혹의 올무가 드리워진 전쟁터 위에 사는 삶과 방불했다. 그러나 타오르는 말씀의 선포 속에는 거룩한 강인함이 그의 인격을 지배하고 있었다. 진리를 보고 체험한 사람들에게만 깃들 수 있는 그런 불타는 신적 정염(情炎)과 견고한 진도 파할 수 있는 강인함이 그의 설교 사역을 지배하고 있었다.

그는 분명히 그 시대의 아들이었고, 가톨릭 신앙을 버릴 수 없었다. 그럼에도 불구하고 그는 믿음으로써 의롭다 함을 얻게 됨을 선포했고, 그리스도가 우리의 구속의 유일한 근거임을 확증했다는 점에서 그는 그 시대의 교회의 아들은 아니었다. 미신적인 미사가 말씀 선포를 대신하고, 온갖 교권의 전횡과 부패가 교회의 거룩함을 대신하던 흑암의 시대 속에서 이처럼 중요한 교리에 있어서 위대한 사도적 신앙으로 돌아갈 수 있었던 것은 그가 그 시대의 수도승답지 않게 성경을 사랑했기 때문이다.

그는 파란만장한 생애 동안 숱한 개혁의 소용돌이 속에 있었음에도 불구하고 끊임없이 성경을 정독했다. 그가 처형된 후 발견된 성경은 그가 얼마나 하나님의 말씀을 깊이 사랑한 사람이었는지를 보여준다. 너덜너덜하게 다 헤어진 성경책, 그 책갈피와 여백에는 본문을 묵상하면서 깨달은 교훈과 결심, 해석들을 깨알 같은 글씨로 적은 것이 가득했다고 한다.

실로 이 시대는 이러한 말씀의 사람을 필요로 한다. 시대가 하나님을 떠나 있고 교회가 진리 안에서 살지 않는 흑암이 깊을수록 더욱더 하나님의 말씀에만 붙잡힌 설교자들을 필요로 한다. "하나님의 말씀은 곧 성령의 검"(엡 6:17)이라고 하지 않았는가? 하나님께서 언제든지 패역한 시대의 환부를 도려내고, 죄인

기롤라모 사보나롤라

의 강퍅한 심령을 찌르고, 그의 백성들을 얽어 맨 사단의 사슬을 끊어 주고자 성령을 보내실 때, 그분이 사용하실 수 있는 말씀의 검을 준비할 수 있도록 진리에 능한 자가 아니면 누가 이 시대를 하나님께로 돌아오게 할 것인가?

기롤라모 사보나롤라, 그는 단지 하나님의 말씀을 사랑했을 뿐 아니라 성령께서 동행해 주신 사람이었다. 그 크고 위대한 선포의 능력을 성령이 아니면 무엇으로 설명할 수 있겠는가? 사보나롤라를 보면서 우리는 그의 시대에 비해 비교할 수 없을 정도로 메말라 왜소하게 되어 버린 쇠약한 설교단을 인하여 슬퍼하지 않을 수 없다. 무엇이 한때 생수가 터져 나와 수많은 영혼들을 해갈시키며, 말씀의 선포가 떡이 되어 주리고 허기진 숱한 영혼들을 배부르게 하며, 길을 잃은 자에게 갈 길을 밝혀 주며, 세상과 벗 하던 자들을 십자가 앞으로 데리고 나오던 일들을 그치게 했는가? 어찌하여 지금은 한 편의 설교에 온 도시가 뒤흔들리고 수천 수만의 죄인들이 그 선포를 인하여 하나님의 엄위로우신 존전에 서게 되는 거룩한 부흥의 경험들이 그쳐 가고 있는가? 설교자들은 이것을 인하여 고통하고 옷을 찢으며 호곡하여 주의 이름을 불러야 할 것이다. 지금 이 시대는 단지 하나님에 관하여 말해 줄 서기관이 아니라, 하늘의 능력을 땅으로 불러내려 그리스도만이 참 하나님이심을 보여줄 선지자와 같은 설교자를 원한다. 매순간 기도와 금식으로 자신의 영혼을 하늘의 능력에 의해 영향 받게 하고, 진리를 깊이 묵상함으로써 예리한 말씀의 검의 양날을 담금질하며 가슴에 인(印)처럼 품었다가, 외칠 기회를 주실 때 주의 진리를 드러냄으로써 시대의 불순종과 주를 알지 아니하는 불경건을 책망하고, 상한 심령이 된 자들에게 치유의 포도주를 부을 수 있는 자애로운 설교자들을 필요로 하고 있다.

기롤라모 사보나롤라, 그는 많은 한계 속에서도 그 시대를 깨우는 하나님의 도구로 충분히 쓰임을 받았다. 모든 선지자들과 사도들의 생애가 그러했듯이, 그토록 자신을 돌보지 않는 설교 사역과 교회 개혁을 위해 모든 것을 다 바쳤음에도 불구하고 그의 마지막 분깃은 순교였다. 설교자로서 그의 분깃은 이 세상에 아무것도 없었다. 타오르는 장작불, 목을 맨 밧줄, 원수들의 함성, 이것이 이 세상에서 그에게 남은 마지막 몫이었다. 그렇다. 하나님의 말씀을 외친 설교자에게 이 세상에서는 아무 분깃도 없었다. 이 땅에는 그의 고귀한 설교 사역의 헌신을 갚아줄 것이 없었기에 하나님은 그를 데려가셨다. 그의 말씀 선포는 칠흑 같은 중세의 암흑 속에서 곧 임하게 될 종교개혁의 앞길을 달리는 세례 요한의 외침이었다. 설교자는 죽어도 그가 외친 진리는 살아서 그렇게 다음 세대를 깨웠던 것이다.

｜사보나롤라의 설교｜

하늘로 올라가신 그리스도

"축복하실 때에 저희를 떠나 하늘로 올리우시니"(눅 24:51).

예수 그리스도 안에서 사랑하는 여러분에게 문안합니다. 이 세상의 지혜로운 자들은 피조물을 둘로 구분합니다. 그 중 하나는 실체적인 것이고, 또 다른 것은 우연적인 것입니다. 실체란 스스로 존재하는 것으로서 땅이나 물, 공기, 천체, 동물, 바위, 식물 등과 같이 다른 어떤 것들을 의지할 필요 없이 스스로 자존하는 것을 말합니다.

반면에 우연적인 것은 색깔이나 냄새, 맛과 같이 혼자서는 존재할 수 없고 다른 어떤 것들에 의존함으로써만 존재할 수 있는 그런 것입니다. 하지만 우리의 지식이 전적으로 감각을 통해서 들어오게 되며 어떤 신체들의 우연적인 것이 우리의 감각에 포착될 때에야 비로소 실체를 인식할 수 있기 때문에, 우리는 실체적인 것보다는 우연적인 것에 대한 지식을 갖고 있습니다.

눈은 색깔을 분별하기 위해서 존재하고, 귀는 소리를 듣기 위해서 있으며, 코는 냄새를 맡기 위해서 있고, 혀는 맛을 보기 위해서 존재합니다. 우리의 촉각은 뜨거운 것과 찬 것을 식별하고 딱딱한 것과 물렁물렁한 것을 분간하기 위해서 있습니다. 이들 각각의 감관은 고유한 인지 영역이 있으며 인식할 사실을 상상력을 통하지 않고도 이성에 전달해 줍니다. 이성은 상상력을 발휘하여 판단함으로써 실체에 대해 지식을 갖게 됩니다. 그러나 이성은 육체로부터 따로 분리될 경우 그 빛을 잃어버리게 됩니다. 만일 이성이 육체로부터 따로 떨어져 홀로 있으면 그 빛을 잃게 되는데, 이는 하나님께서 영혼과 육체를 하나로 결합해 놓으셨기 때문입니다.

그러므로 지식은 감각적인 기관들을 통해서 정확해지고 완성됩니다. 그렇지만 영혼이 몸을 떠날 때 많은 지식을 가질 수 있다면 영혼이 몸 안에 있어야 할 필요가 없을 것입니다. 하지만 하나님과 자연은 쓸데없는 일은 하지 않습니다. 따라서 영혼과 육체의 결합은 완전하게 되는 일을 촉진시켜 줍니다.

그러나 영혼의 지식은 그것이 썩을 인간의 육체 속에 머물고 있는 한 완전하게 될 수가 없습니다. 사물의 외적인 기관을 통해서 내적인 것을 인식할 수 있게 되어 있기 때문에 영혼이 육체 안에 있는 한 실체에 대한 근본적인 판별과 원인을 깨달을 수 없습니다. 그러므로 인간은 비물질적인 무형의 실체에 대해서는 온전한 지식을 가질 수가 없습니다. 하물며 누군가에 의하여 지은 바 되지 아니하신 하나님의 무한하신 존재를 어떻게 알 수 있겠습니까?

그러므로 우리는 하나님의 임재 안에서 우리가 이해할 수 없는 많은 부분들이 있다는 사실을 당연하게 받아들여야 할 것입니다. 또한 우리가 아직 그 모든 것을 온전히 알지 못하기 때문에 우리는 신앙의 많은 진리들을 아직은 입증할 능력이 없다는 점에 대해서도 조금도 놀랄 이유가 없습니다.

위대하신 하나님은 풍성하신 자비로써 우리의 보잘것없는 지식을 하감하시고 우리와 같은 육체를 입고 우리 가운데 오셔서 우리를 위하여 섬기다가 죽으사 마침내 죽은 자 가운데서 살아나시기 위하여 새로운 육신을 입으셨습니다. 마침내 생명이 사랑으로 가득 채워졌고, 주님은 이 세상의 감각 세계를 넘어 당신의 영원한 세계로 들어가셨습니다.

그러나 우리의 구속주께서 당신의 사도들과 함께 계실 때 사도들은 감각적인 것에 매여 구속주를 아는 영적인 지식에까지는 다다를 수 없었지만 그분을 끔찍이 사랑했습니다. 주님께서 하늘로 올라가심으로써 모습을 감추시는 것은 꼭 필요했습니다. 왜냐하면 그렇게 하심으로써 제자들의 영혼을 저 높이 주님께로 이끌어 올리실 수 있었기 때문입니다. 제자들은 자기의 인간적인 힘으로는 이 같은 일을 할 수가 없었습니다. 그러므로 하늘에 오르신 주님은 자기가 택하신 자들에게 하늘로부터 내리는 빛을 주셨습니다.

주님은 하늘로 올라가실 때 사로잡힌 자를 다시 사로잡아 가셨습니다. 다시 말해서 그리스도께서는 승천하면서 인류의 조상이 범죄함으로 타락한 이래로 사단에게 넘겨준 바 된 인간의 영혼을 데리고 올라가셨다는 이야기입니다.

주님께서는 일곱 가지 성령의 은사를 주십니다. 이것은 주님이 인간에게 주시는 은총입니다(엡 4:8). 이제 사람들은 이 세상의 모든 것을 떠나 신앙의 빛을 내려 주시는 참 빛 되신 그리스도를 따라 올라가고 있습니다. 그래서 저는 오늘 아침 우리를 구세주께 인도해 주는 이러한 믿음에 대하여 증거하고자 합니다.

"너희 잠자는 자여, 깨어서 일어나라. 그리스도께서 빛을 주시리라." 여러분으로 하여금 깊은 잠에 빠지게 하는 이 세상의 육신을 위하는 일이나 감각의 만족을 위하는 일에 노예가 되지 말고 잠에서 깨어 그리스도에게로 속히 나아오십시오. 그분께서 빛을 비추어 주실 것입니다. 보십시오. 그리스도의 육체는 하늘나라에 계십니다.

이 세상의 지혜로운 자들은 이 문제에 대해 무엇을 말할까요? 무게가 있는 모든 것은 아래로 떨어집니다. 그러나 그리스도의 몸은 저 높은 하늘 거기에 계십니다. 이러한 사실은 여러분이 알고 있는 세상의 법칙으로는 해명할 수가 없습니다. 그러나 전능하신 하나님께서 우리의 마음에 어떠한 소망을 불어넣어 주셨는지를 주목하십시오.

만일 우리의 머리이신 그분께서 위로 올라가셨다면 그분의 지체인 우리들도 그분을 따라 함께 위로 올라갈 것입니다. 우리는 이 소망 안에서 살고 있으며, 이 소망을 설교하고, 이 소망에 매여 살아가고 있습니다. 오! 세상에 있는 사람들이여, 당신들이 원하기만 한다면 당신들도 그리스도께서 올라가신 그 길을 따라 천국에 갈 수 있습니다. 그러나 당신들 자신의 본성이나 금이나 은 또는 당신들이 쌓아 온 공덕에 의해서는 결코 그곳에 갈 수 없음을 명심하십시오. 그리스도께서는 사람들에게 선물을 주셨습니다. 그가 주신 선물을 통해서만 당신은 낙원에 갈 수 있습니다.

주님은 여러분에게 자신의 성령을 선물로 주셨습니다. 그 성령은 당신들을 계몽시키고 천국 목표를 밝히 비추어 주는 빛이 되십니다. 이 성령을 통하여 여러분에게 지혜의 은총을 주시고, 여러분은 이 은총을 힘입어 가야 할 인생의 목표를 사랑하게 되고, 이러한 사랑이 우리에게 얼마나 필요한지를 깨달아 알게 합니다.

그런 다음 그리스도는 여러분에게 말씀하십니다. "나의 사랑 안에 거하면 이 세상에 있는 것들을 버리고 천국에 이르기까지 나를 좇으라." 이 세상이 아무것도 아닌 허무뿐임을 깨닫는 것이 꼭 필요하기 때문에 하나님께서는 여러분이 세상은 오래가지 않으며 무로 되돌아간다는 것을 깨달아 경험하게 하십니다. 인생들은 많은 어려움과 의심의 과정을 통과한 후에야 비로소 자신이 해야 할 바를 깨닫게 되고 이 깨달음이 바로 좋은 스승이 됩니다.

이러한 깨달음을 붙잡고 항상 당신을 깨닫도록 권면해 주시는 그리스도를 따르십시오. 그분은 여러분에게 이 세상의 보화가 아니라 영원한 영광과 다함이 없는 행복을 주실 것입니다. 여러분, 그대들은 어찌하시렵니까? 이 세상을 버리고 그리스도를 위하여 사십시오. 주님께서는 당신을 기다리고 계시며 섬기는 당신의 노고에 보답해 주실 것입니다. 왜냐하면 그리스도는 넘치는 은혜로써 갚아 주시는 분이기 때문입니다.

그러므로 모든 사람들은 자기 형제들의 구원 문제에 깊은 관심을 갖고 그들을 그리스도께로 인도해야만 합니다. 주님께서는 이렇게 하는 당신에게 사랑을 선물로 주십니다. 당신은 그 사랑을 가지고 형제와 이웃과 친구와 아내, 이 모든 사람들을 권하여 모든 힘과 정열을 다해 그리스도에게로 그들을 인도하도록 애쓸 수 있습니다.

하지만 인간은 기쁨만이 아니라 슬픔도 반드시 겪게 됩니다. 이것이 세상입니다. 그리스도께서는 여러분으로 하여금 타락하거나 쾌락에 빠져 그분의 은혜를 저버리지 않도록 항상 근심할 수 있게끔 이 세상의 쾌락에 대항할 수 있는 두려움을 주시며, 또한 불행에 대항할 수 있도록 여러분에게 저항할 수 있는 능력을 주십니다.

기롤라모 사보나롤라

사랑하는 성도들이여, 여러분은 무엇을 바라고 있습니까? 하늘에 올라가서 여러분을 맞이할 영광의 처소를 미리 예비하기 위하여 떠나가신 그리스도를 따르지 아니하시렵니까? 여러분이 우리 주님을 섬기기 위하여 나아오지 않는 이유는 여러분이 이 말씀을 믿지 않기 때문입니다.

여러분이 만일 이 말씀을 믿기만 한다면 여러분은 더 이상 바라만 보고 있을 수는 없을 것입니다. 여러분은 믿지 않고 있으며, 하나님께 감사하지도 않고 있습니다. 주님은 하늘로 오르시는, 승천하시는 아침에도 제자들의 믿음 없는 것을 꾸짖으셨습니다. 그와 같이 오늘 여러분이 믿지 않는 불신앙에 대해서도 반드시 심판을 내리실 것입니다.

저는 오늘 아침 이 복음을 증거했습니다. 저는 여러분의 마음의 완악함과 감사치 않는 것에 대해 여러분을 책망하지 않을 수가 없습니다. 왜냐하면 당신들이야말로 당신들을 위해 최고의 영광을 미리 예비하기 위하여 하늘로 오르신 우리 주님을 섬기기를 거부해 왔기 때문입니다. 생활에 실패하여 슬픔과 고통 가운데 있는 모든 이들에게 제가 외칩니다. 당신들은 무엇을 두려워하고 계십니까? 위에 계신 그리스도를 바라보고 믿는 사람들은 이제 더 이상 땅에 있는 것들로 인하여 두려워하지 않습니다. 우리 예수님께서는 당신의 제자들의 불신앙과 마음의 완악함을 책망하셨습니다. 왜냐하면 제자들은 예수님이 하늘로 들려 올라가신 후에 그 광경을 목격했던 사람들의 말을

하늘로 올라가신 그리스도

믿지 않았기 때문입니다. 믿음이 없이는 하나님을 기쁘시게 할 수 없습니다.

이 제자들은 틀림없이 "우리가 이 여인들의 말을 어찌 믿을 수 있겠나이까?"라고 했을 것입니다. 그러나 이 여인들은 하나님 앞에서 정결한 마음을 가진 사람들이었습니다. 그래서 주님께서는 오히려 제자들을 책망하셨던 것입니다. 여러분은 이 제자들보다 더 심한 책망을 받아 마땅합니다. 제자들에게는 몇 안 되는 소수의 여인들이 그리스도께서 다시 소식을 전해 주었을 뿐입니다.

그러나 여러분은 수많은 사람들로부터 주님이 다시 사셨다는 소식을 증거받고 있습니다. 더욱이 그리스도는 영광스러운 계시를 통해서 이 세상에 끊임없이 자신을 증거하고 계십니다. 그럼에도 불구하고 그분 앞에 나아오지 않는 이유가 무엇입니까? 왜 그분을 섬기려 하지 않는 것입니까? 여러분은 마음과 삶이 죄악으로 가득 차 있고 하나님의 계명을 우습게 여기고 있기 때문에 진심으로 그리스도를 믿고 있지 않습니다.

여러분은 믿음을 선물로 받을 자격이 없습니다. 믿음을 가지고 있는 사람은 그의 행동 속에서 말과 행동이 일치함으로써 자기의 믿음을 나타내야 합니다. 다시 말해서 하나님을 믿는 자는 오류가 없는 하나님의 말씀과 그분의 선하심과 모든 선으로 인도해 주시는 그분의 인도에 대하여 확고한 믿음을 가지고 있어야 합니다.

그러나 여러분은 죄로 말미암아 모든 선으로 인도해 줄 수 있는 참 빛을 받지 못하고 있습니다. 당신들은 그 죄악에 빠져 있고, 탐욕과 방탕에 취하여 있으며, 온갖 종류의 속된 일들에 빠져 있습니다. 오로지 권력과 영광만을 추구하고 있는 것이 당신들의 삶입니다. 도대체 어찌하려 합니까? 만일 당신들이 참된 신앙을 갖게 된다면 이런 것들을 추구하는 삶과 결별할 것입니다. 왜냐하면 신앙은 당신에게 이러한 것보다 훨씬 더 고귀한 영광의 면류관을 주리라는 사실을 깨닫게 해줄 것이기 때문입니다.

오늘날 당신의 삶에 있는 불신앙과 마음의 완악함은 이러한 죄악들로부터 나오는 것입니다. 이런 것들로 말미암아 신앙의 말씀들이 선포되어도 당신의 마음은 감동받지 않으며, 당신의 심령은 돌덩어리나 쇳덩이같이 되어 있습니다. 죄짐을 벗어 버리고 당신의 마음의 소원을 하나님의 의에 두십시오.

마침내 당신의 마음의 완악함은 끝날 것이며, 하나님은 당신에게 믿음을 선물로 주실 것입니다. 도대체 어떻게 하시렵니까? 어찌하여 확신을 갖지 못하고 결단도 내리지 못한 채 그냥 서 있기만 하는 것입니까? 당신은 어찌하여 그리스도에게로 급히 달려가 그분께서 어떻게 이 지상을 떠나 하늘로 올라가셨는지를 알아보려 하지 않습니까?

그리스도께서는 하늘나라에서 당신도 그리 올라오도록 명령하고 계십니다. 육체의 삶을 벗어 버리십시오. 그리스도의

하늘로 올라가신 그리스도

길로 들어서십시오. 더 이상 망설이지 마십시오. 오늘 출발하십시오. 내일로 미루지 마십시오. 참으로 당신이 신앙을 갖게 된다면 더 이상 지체할 수 없습니다. 당신의 마음이 하나님 앞에서 정직하다면 하나님은 당신에게 거짓된 신앙과 참 신앙을 구별할 수 있도록 지혜를 주실 것입니다.

뿐만 아니라 의로운 길에 서 있을 때 잘못을 범치 않도록 지켜 주는 참된 신앙의 빛을 갖게 해주실 것입니다. 그러면 당신은 복음이야말로 진실로 믿는 사람들을 선한 사람으로 만들어 주는 하나님의 방법임을 깨닫게 될 것이며, 경험을 통해 이 말씀이 진리임을 깨닫게 될 것입니다.

구약성경에 나오는 발락의 이야기를 예로 들면 제가 말하고자 하는 의미를 더욱 분명하게 깨닫게 되실 것입니다. 발락은 이스라엘이 진군한다는 소식을 들었을 때 두려운 나머지 자기네들을 위해 이스라엘을 저주해 달라고 발람 선지자를 부르러 보냈습니다. 발람은 나귀를 타고 길을 떠나고 있었습니다. 그러나 그의 곁에는 주의 천사가 동행하고 있었습니다. 나쁜 목적으로 발락에게 가고 있는 발람 선지자를 살피기 위해서였습니다.

나귀는 길에서 떠나 밭으로 들어가려 했고, 마침내 두 개의 담장 사이에 멈추어 서게 되었습니다. 그러자 발람은 그 나귀를 때리고 저주했습니다. 그때 그는 주의 천사가 자기의 갈 길을 막은 채 서 있는 것을 발견했습니다. 그리고 자기의 죄를 깨달았습니다. 발락은 하나님의 사람들을 파멸시키려는 악마입니

― 기롤라모 사보나롤라

다.

　우리는 이 발람 선지자의 기사를 통해 교만에 사로잡혀 있는 귀족들, 고위 성직자들, 설교자들 그리고 학자들을 봅니다. 두 종은 그 교만한 자들을 따르며 그들에게 종노릇 하고 아첨하는 자들을 가리키는 것입니다. 특히 방만한 성직자와 수도사들을 가리킵니다. 겉으로는 덕스러운 생활을 하는 것처럼 보이지만, 그들은 의식(儀式)을 위해서 살고 있지 진리의 말씀을 전하는 데는 아무런 관심이 없는 자들입니다.

　겉으로만 덕 있는 체하는 삶을 살면서 자신들의 교만을 감추고 있는 많은 시민들은 다 이런 부류에 속하는 사람들입니다. 그들은 얼핏 보기에는 눈에 띄는 육신의 죄는 짓고 있지 않기 때문에 외적인 의식에 있어서는 경건하게 보이지만, 그 속에는 교만으로 가득 차 있습니다. 이들은 모두 마귀에게 속한 자들입니다. 왜냐하면 마귀는 그 특징이 단지 먹고 마시고 잠자고 욕심을 부리고 음란을 행하는 데 있지 않고, 그들처럼 교만으로 가득 차 있는 것이기 때문입니다. 발람 선지자의 이야기에 나오는 이 나귀를 통해서 우리는 순박한 사람들을 이해할 수 있습니다. 그들은 방만한 자들의 의식에 의해 죄의 길로 인도되었습니다.

　이 방만한 자들은 자신들의 설교 속에서 다음과 같이 충고합니다. "예복을 바치고, 예배당을 지으라. 그러면 지옥에 갈 위험에서 면죄될 것이다." 이러한 사기꾼들의 말을 믿지 마십시

하늘로 올라가신 그리스도

오. 어떤 외적인 선행도 당신을 낙원으로 데려다 줄 수 없습니다.

기적들이나 예언으로도 안 되며 오직 하나님의 은혜만이 겸손과 사랑을 가지고 있는 당신을 낙원으로 데려다 줄 것입니다. 천사는 나귀 앞에서 칼을 든 채 서 있었습니다. 그 나귀에게 "더 이상 죄의 길로 가지 마라. 네가 계속해서 죄의 길로 가면 네게 큰 벌을 내리리라"고 말씀하신 분은 그리스도입니다. 나귀만이 천사를 보았습니다. 왜냐하면 순박한 사람이 주님의 말씀을 먼저 듣기 때문입니다.

그러나 발람과 그와 함께 있었던 자들은 그 소리를 전혀 듣지 못했습니다. 나귀는 포로 된 길을 떠나 밭으로, 즉 주의 길로 갔습니다. "천국은 마치 밭에 감추인 보화와 같아서 사람이 그것을 발견하면 모든 소유를 다 팔아 그 밭을 산다." 그와 같이 순박한 사람은 거룩한 밭으로 들어가서 "이 밭의 꽃들이 열매를 맺고 있으니 나로 하여금 이 밭을 좀 둘러보게 해주십시오"라고 말합니다.

그렇습니다. 우리의 조상들, 선지자들, 사도들 그리고 순교자들은 믿음의 열매를 맺었던 사람들입니다. 그들은 오직 진리를 위해 기쁨으로 죽어 갔습니다. 이런 사람들은 그 밭에 들어가 목숨을 걸고 진리를 말한 사람들입니다. 죄로 말미암아 포로가 된 귀족들과 주인들이 모여 있는 성으로 들어가 보십시오. 그들은 게으른 수도사들에게 다음과 같이 외치고 있습니다. "신부들이여! 이 일들에 대해 말씀하실 때 당신들은 치욕과 냉대를 받게 될 그런 말은 하지 않는 것이 좋을 것입니다." 그들은 이미 저에게도 그런 말을 했습니다. 우리가 그 진리를 전파하기 시작하면 그와 함께 박해도 시작됩니다.

그러나 예수님은 당신이 말씀하신 바를 위해 기꺼이 죽으셨습니다. 사람들을 기쁘게 하기 위해 하나님의 진리를 버려서야 되겠습니까? 결코 그럴 수는 없습니다. 우리는 어떤 방식으로든지 진리를 전해야 하며, 발람의 나귀처럼 밭으로 들어가야 할 것입니다.

제가 합당한 이유도 없이 이런 일을 할 만큼 어리석은 자라고 생각하지는 마십시오. 제가 진리를 말하지 않는다면, 하늘과 땅이 저에게 불리한 증언을 할 것입니다. 왜냐하면 저의 설교는 온 세상에 배치되는 것이기 때문입니다. 모든 사람들은 저의 설교를 거역합니다. 제가 만일 거짓말을 하고 돌아다닌다면 그리스도께서는 물론이고 하늘과 땅도 저를 거절할 것입니다.

제가 어떻게 견딜 수 있겠습니까? 거룩한 것을 가지고 어떻게 감히 농담을 할 수 있겠습니까? 저를 믿으십시오. 저는 진리를 말합니다. 저는 그것을 보았고, 제 손으로 만져 보았습니다. 진리를 말하지 않는다면 저의 몸과 영혼은 모두 파멸될 것입니다. 그러나 저는 여러분에게 제가 진리를 확신하고 있다는 것을 말해 주고 있으며, 여러분도 저와 같이 그 확실함을 말하고 있습니다. 하지만 저는 다른 사람들이 저처럼 그 진리 때문에

하늘로 올라가신 그리스도

고난당하기를 원하지는 않습니다.

여러분이여! 예수를 섬깁시다. 진리 앞으로 나아오십시오. 이리로 나아오십시오. 저는 여러분에게 간절히 호소합니다. 여러분은 제가 사도 요한의 계시를 어떻게 설명해 주었는지를 잘 알고 계실 것입니다. 많은 사람들이 제가 너무 그것을 상세히 그리고 너무 깊이 말했다고 주장합니다. 앞에 서 있는 심판의 천사 때문에 나귀가 밭으로 들어가기를 원했으나 발람은 그 나귀를 때렸습니다. 여러분은 제가 얼마나 많은 배척을 받아야만 하는지를 모를 것입니다. 방만한 수도사들은 저를 바보이며 혁명주의자라고 말하고 있습니다.

반면에 다른 한편에서는 순진한 신앙을 가지고 있는 약하고 순박한 사람들이 "주님의 가르침만을 따를 수 있다면 얼마나 좋을까?"라고 말하고 있습니다. 그래서 저는 이 세대의 백성들 및 대재판관들과 싸웠습니다. 저의 설교는 결코 그들을 기쁘게 하지 않았습니다.

저는 두 담장 사이에 있었습니다. 주의 사자는 저에게 이 길을 따라가면 영원한 죽음이 있다고 경고해 주었습니다. 또한 저는 발람의 채찍에 맞았습니다. 여러분은 제가 당하는 박해와 위험을 알고 있습니다. 그러나 저는 제가 승리의 길을 가고 있음을 알고 있으며, 따라서 저는 항상 "이 세상 그 누구도 이 세상으로부터 저의 대의(大義)를 쫓아낼 수 없을 것"이라고 선언해 왔습니다.

기롤라모 사보나롤라

발람은 그의 발을 담에 문질러도 자기의 고집대로 하고 있습니다. 저는 그의 발을 으스러뜨릴 것입니다. 저는 그리스도의 담에 기대어 있습니다. 주님의 은혜에만 의지하고 있습니다. "발람 선지자여! 너의 분노와 협박을 멈추라. 너는 나를 이 담에서 떠나게 할 수가 없노라."

저는 여러분 모두에게 권합니다. 진리의 말씀 앞으로 나아오십시오. 여러분의 불의와 죄악을 버리십시오. 이탈리아와 로마와 여러분 모두에게 말합니다. 돌아와 회개하십시오. 여러분 앞에 거룩한 진리가 있습니다. 그 진리는 쇠퇴할 수 없으며 왜곡되거나 망할 수 없는 것입니다. 채찍에 맞을 때까지 기다리지는 마십시오.

저는 모든 것으로부터 억압을 받고 있습니다. 베드로의 능력의 열쇠를 가지고 있는 종교적 세력도 저를 대적하고 있습니다. 저의 길은 좁고 고난으로 가득 차 있습니다. 그러나 저는 발람의 나귀처럼 땅에 엎드려져 "오, 주여! 제가 여기 있나이다. 저는 진리를 위해 죽을 각오가 되어 있나이다…"라고 외치지 않을 수 없습니다. 발람이 엎드러진 나귀를 때렸을 때 나귀는 발람에게 "내가 무엇을 하였기에 네가 나를 이같이 치느냐?"라고 말했습니다.

그와 같이 저도 여러분에게 말합니다. "이리로 와서 말해 보십시오. 여러분은 왜 저를 때립니까? 저는 여러분에게 진리의 말씀을 선포해 왔으며, 의로운 삶을 살도록 권했고, 많은 영혼들을 그리스도 앞으로 인도했습니다."

하지만 여러분은 다음과 같이 대답하고 있습니다. "너는 우리 모두에 대하여 비난을 퍼부었다. 그러므로 채찍에 맞아 싸다." 그러나 저는 여러분 중에서 어떤 특정한 사람을 지칭해서 말한 적은 한 번도 없으며 일반적으로 여러분의 죄악을 경고했을 뿐입니다. 여러분이 죄를 지었다면 저에게 화를 내지 말고 여러분 자신에게 화를 내십시오. 저는 여러분 중의 어떤 사람의 이름을 지명하여 말하지는 않습니다. 그러나 만일 여러분이 제가 지적한 죄들을 범한 것이 틀림없는 사실이라면, 제가 아니라 바로 그 죄들이 여러분의 상태를 드러나게 할 것입니다.

채찍에 맞은 나귀가 발람에게 말한 것처럼 저도 여러분에게 묻습니다. "저는 여러분의 나귀가 아닙니까?" 제가 이 순간까지 여러분에게 어떻게 순종해 왔으며, 앞서간 선지자들이 명령한 것들을 어떻게 행해 왔고, 또 얼마나 제가 화평을 이루게 하고자 애썼는지는 여러분이 잘 알 것입니다. 여러분은 제가 그랬다는 사실을 알고 있습니다.

그러나 지금 저는 그 때와는 완전히 다른 상태에 처해 있기 때문에 어떤 큰 원인이 저를 이렇게 만들고 있다고 믿는 것은 당연합니다. 많은 사람들은 저를 처음 그대로의 저로 알고 있습니다. 만일 제가 처음과 같이 그대로 살았다면 제가 원하는 만큼 저는 커다란 존경을 받았을 것입니다.

저는 여러분과 6년을 살았습니다. 지금 저는 여러분에게 잘 알려진 진리의 말씀을 전하고 있음에도 불구하고 전파는 달리 말하고 있습니다. 여러분은 이제 제가 어떤 슬픔과 박해 속에서 살아야만 하는지를 알고 있습니다.

저는 예레미야와 마찬가지로 "나의 모친이여, 모친이 나를 온 세계로 다툼과 침을 당할 자로 낳으셨도다"(렘 15:10)라고 말할 수 있습니다. 그러나 세상에 어느 아버지, 어머니가 "아들을 죄 가운데로 인도했다"고 말할 수 있으며, 또한 남편이나 아내를 파멸시켰다고 말할 수 있는 사람이 어디 있겠습니까? 여러분은 모두 저의 삶을 알고 있습니다.

그러므로 여러분이 제가 모든 사람이 알고 있는 진리의 말씀을 전하고 있다고 믿는 것은 옳습니다. 여러분은 제가 전파한 말씀대로 여러분에게 하라고 지시하는 것에 순종하며 사는 것이 불가능하다고 생각합니다. 그러나 하나님께서 함께 하시면 그 일은 쉬워질 것입니다.

나귀만이 천사를 보았고, 다른 사람들은 보지 못했습니다. 나귀처럼 천사를 볼 수 있도록 여러분의 눈을 뜨십시오. 하나님께서는 감사하게도 많은 사람들의 눈을 뜨게 해주셨습니다. 여러분은 여러분이 현명하다고 생각했던 많은 박학다식한 사람들을 보아 왔으나, 그들은 우리의 권고를 거부해 왔습니다.

그러나 그들은 지금 믿고 있습니다. 많은 유명한 선생들은 우리에 대항하여 완고하고 교만했습니다. 그러나 지금은 겸손해졌습니다. 여러분은 또한 많은 여인들이 그들의 허영을 버리

하늘로 올라가신 그리스도

고 검소한 생활로 돌아온 것을 보아 왔으며, 타락했던 젊은이들도 지금은 새롭게 변화되어 새로운 삶의 방식으로 행하고 있음을 보아 왔습니다. 실로 많은 사람들이 겸손한 마음으로 이 진리를 받아들였습니다. 아무리 세상 사람들이 이 진리가 그리스도에게 적대적인 것임을 증명하려고 노력할지라도, 이 진리는 조금도 흔들림 없이 견고하게 서 있습니다.

하나님께서는 자신의 지혜를 나타내시고, 그분의 지혜가 결국 다른 모든 지혜보다 더 뛰어남을 보여주려고 하십니다. 또한 하나님께서는 자신의 종들이 세상 사람들의 비난을 받을지라도 이를 인내와 겸손으로 참아내고, 하나님의 사랑을 위해 순교도 두려워하지 않는 사람들이 되기를 바라십니다.

저는 여러분에게 이 진리의 말씀 앞으로 나아오도록 권합니다. 죄의 포로가 된 사람들이 자기들이 하고 싶은 대로 아무리 여러분을 적대할지라도 결국 하나님께서는 오셔서 그들의 교만을 대적하실 것입니다. 하지만 교만한 자들이 돌이켜 회개하지 않을 경우 그들에게는 칼과 온역이 임할 것이며, 이탈리아 전역은 기근과 전쟁으로 피폐해질 것입니다.

저는 이런 일이 틀림없이 일어날 것이라고 확신하기 때문에 이 말을 여러분에게 하고 있습니다. 제가 확신을 하고 있지 않다면 이런 말을 하지 않을 것입니다. 천사가 발람에게 "네 나귀만 아니었더라면 나는 너를 죽였을 것이다"라고 말했을 때 발람이 눈을 뜬 것처럼 여러분도 눈을 뜨십시오. 저는 포로

된 자인 여러분에게 그와 같이 말합니다. "선한 자들과 그들의 설교가 없었다면, 여러분에게 화가 미쳤을 것입니다."

발람은 "이 길이 선한 길이 아니라면 나는 발걸음을 돌이키겠습니다"라고 말했습니다. 여러분도 그와 같이 말하고, 여러분의 길이 의의 길이 아니라면 하나님에게로 돌아오십시오. 여러분도 발람이 말한 것처럼 "우리가 무엇을 해야 하리이까?"라고 천사에게 물으십시오. 그러면 천사는 "너는 이스라엘 백성들을 저주하지 말고 내가 네 입에 주는 것만을 말하라"고 발람에게 대답했던 것처럼 여러분에게도 대답할 것입니다. 하나님께서는 여러분이 선을 행하고, 악과 싸우며, 죽기까지 충성하는 것이 그리스도인의 삶이며, 바로 이것이 오늘 우리가 읽은 복음서의 본문을 따라 우리가 온 세상에 외쳐야 할 복음이라고 말씀하십니다.

"형제여! 그렇다면 우리는 어찌해야 합니까?"라고 여러분은 물을 것입니다. 저는 여러분이 안일함과 무관심이 아니라 열정을 가지고 그리스도를 섬기기를 바랍니다. 또한 저는 여러분이 슬퍼할 것이 아니라 당신의 형제나 아들이 그리스도에게 돌아올 때마다 감사함으로 여러분의 손을 하늘을 향해 들기를 바랍니다. 그리스도께서 친히 여러분뿐만 아니라 여러분을 통하여 다른 사람들 속에서도 역사하실 날이 올 것입니다.

이 말을 듣는 모든 사람들은 다음과 같이 외쳐야 할 것입니다. "형제여! 오라! 그리고 다른 사람들을 인도하라. 고상한 정

하늘로 올라가신 그리스도

신을 지니고 있으므로 신앙을 받아들일 수 없다고 생각하는 자들이여! 회개할지어다." 만약 제가 이 복음 전체를 여러분에게 하나하나 설명할 수 있다면, 저는 여러분의 이마에 징벌을 내리게 될 것이며, 또한 여러분에게 이 신앙은 잘못될 수가 없는 것이며, 하늘의 보좌 위에 앉아 여러분을 기다리고 계신 그리스도는 여러분의 하나님이시라는 것을 입증해 줄 수 있을 것입니다.

여러분은 믿습니까? 그렇다면 여러분의 열매는 어디 있습니까? 왜 지체하고 있습니까? 옛날에 한 수도사가 있었는데 그는 한 유명한 사람에게 신앙에 대해 말해 준 다음 그가 믿지 않는 이유를 물었습니다. 그러자 그는 다음과 같이 대답했습니다. "당신 자신도 믿고 있지 않는 것을 내가 어떻게 믿겠소? 당신이 신앙을 가지고 있었다면 다른 열매를 내게 보여 줄 수 있었을 것이오."

그러므로 저도 그와 마찬가지로 여러분에게 말합니다. 여러분이 신앙을 가지고 있다면 여러분의 열매는 어디 있습니까? 여러분의 신앙은 모든 사람이 알고 있는 것입니다. 왜냐하면 모든 사람들은 그리스도께서 유대인들에 의해 죽임을 당하셨다는 것과 세계의 도처에서 사람들이 그에게 기도하고 있다는 것을 알고 있기 때문입니다.

온 세상 사람들은 그리스도의 영광이 힘이나 무력에 의해서가 아니라 보잘것없는 어부들에 의해 전파되었다는 것을 알

기롤라모 사보나롤라

고 있습니다. 현명한 사람들이여! 여러분은 이 보잘것없는 어부들이 이보다 더 현명할 수 있었다고 생각합니까? 그들이 사역을 할 수 있었던 곳에서는 사람들이 회개했으나, 그들이 사역을 할 수 없었던 곳에서는 그들의 신앙이 참된 것이며 하나님께로부터 나온 것이기에 방해를 받은 것입니다.

주님께서 약속해 주신 이적은 그들의 가르침의 뒤를 따랐습니다. 즉 그들은 그리스도의 이름으로 귀신을 쫓아내었고, 새 방언으로 말하며, 무슨 독을 마실지라도 해를 입지 않았습니다. 비록 이런 기적들이 일어나지 않았다 할지라도, 보잘것없는 어부들이 가장 위대한 신앙의 일을 성취할 수 있었던 것은 기적 중의 기적입니다. 그것은 하나님께로부터 나온 것이었습니다. 따라서 그리스도는 참되시고 하늘에 계시며, 여러분을 기다리고 계시는 그분은 여러분의 하나님이십니다.

여러분은 스스로 복음을 믿고 있다고 말하고 있으나, 여러분은 내 말을 믿고 있지 않습니다. 그러나 어떤 것이 순수하면 할수록 그것은 그만큼 더 그 목적에 가까운 것입니다. 그리스도인의 생활은 마음을 정결케 하여 진리에 더욱 가까이 가게 해야 합니다. 여러분이 진리에 대한 지식을 갖게 되면 저는 여러분을 그런 그리스도인의 생활로 인도해 줄 수 있을 것입니다. 제가 여러분을 속이려 했다면 왜 제가 저의 은사들 중에서 가장 큰 은사를 저의 거짓됨을 드러내는 수단으로 여러분에게 주었겠습니까? 만일 제가 여러분이 곧 알아낼 수 있는 거짓을 여러분에게 강요하려고 한다면 저는 매우 어리석은 자일 것입니다. 저는 오직 여러분에게 진리의 말씀만을 선포했기 때문에 여러분에게 이리로 오라고 권하고 있습니다. 저는 여러분을 두려워하지 않습니다. 여러분이 자세히 살펴보면 살펴볼수록 그 진리는 여러분에게 그만큼 더 명백해질 것입니다.

하지만 어떤 사람들은 예수 그리스도의 십자가를 부끄러워합니다. 우리가 예수 그리스도의 십자가를 믿고 있다면 우리는 도처에서, 특히 가장 현명하다 칭함받는 자들에게 멸시를 받을 것임이 틀림없습니다. 여러분이 십자가를 부끄러워할지라도 주님께서는 여러분을 위해 그 십자가를 지고, 여러분을 위해 그 십자가에서 죽는 것을 부끄러워하지 않으셨습니다. 그리스도를 섬기고 진리를 수호하는 것을 부끄러워하지 마십시오.

악마의 종들을 보십시오. 그들은 공개된 장소에서, 궁전에서 악을 말하고, 우리에게 욕설을 퍼부을 수 있는 곳이면 어디에서나 비방하는 것을 조금도 부끄러워하고 있지 않습니다. 그러나 여러분 중에서도 오직 주님을 따르는 사람들은 누구나 그리스도의 이름으로 귀신을 쫓아낼 수 있습니다.

다시 말해서 그리스도는 우리의 죄를 깨끗케 하사 우리로 하여금 의로운 생활을 하게 하십니다. 그리스도는 우리의 뱀들, 즉 수도원으로 들어와 의를 가장하여 모든 악한 일들을 말하는 독뱀과 같은 게으른 자들을 쫓아내실 것입니다. 여러분은 하나님의 자녀들이 하나님의 진리를 가지고 그들과 싸워 그들을 쫓아낼 수 있음을 보게 될 것입니다. 신자들은 독을 마실지라도 죽지 않을 것입니다.

여기서 독이란 게으른 자들의 거짓된 가르침을 말합니다. 독을 마셔도 해를 당하지 않을 신앙의 사람들은 여러분에게 다음과 같이 외치고 있습니다. "선을 행하도록 노력하고, 당신 자신의 영광이 아니라 하나님의 영광을 추구하십시오." 그와 같이 행하는 사람은 진리에 속한 사람이기 때문에 해를 당하지 않을 것입니다.

주님은 한 걸음 더 나아가 충성된 자들에게 다음과 같이 말씀하십니다. "너희가 병자에게 손을 얹으면 병자의 병이 나을 것이다." 여기서 손은 하나님의 역사를 말합니다. 선한 사람들이 약한 자들 위에 안수하면 그것을 통해 약한 자들이 연약해질 때 그들을 도와줄 수 있을 것입니다. 제가 여러분에게 복음을 따라 가르치지 않았습니까? 여러분은 아직도 저에게 여러분이 무엇을 해야만 하는지를 가르쳐 달라고 요구하고 있습니까? 이제 결론적으로 여러분에게 말하겠습니다.

그리스도를 바라보십시오. 그러면 여러분은 그분이 말씀하시는 모든 것이 신앙에 관한 것이라는 사실을 깨닫게 될 것입니다. 사도들에게 물어 보십시오. 사도들은 믿음 외에는 아무것도 말하지 않습니다. 여러분이 만일 이 모든 근거를 갖게 되면, 즉 믿음을 갖게 되면 여러분은 언제나 선을 행하게 될 것입니다. 믿음이 없으면 인간은 죄에 빠질 수밖에 없습니다. 여러분은 선해지기 위해 믿음을 추구해야 합니다. 그렇지 않으면 여러분의 신앙은 거짓된 것이 될 것입니다. 그리스도께서는 제자들에게 온 세계에 복음을 전파하라고 명하셨습니다. 그런데 여러분 가운데 있는 현자라는 사람들은 사람을 작은 세계, 즉 소(小)우주라고 부릅니다.

그러므로 남자와 여자와 어린이여! 먼저 당신 자신에게 전파하십시오. 당신 속에는 세 개의 영역이 있습니다. 무엇보다도 먼저 당신의 지식에 전파하십시오. 당신이 이 진리에 가까이 가면 갈수록 당신은 좀더 깊은 믿음을 갖게 될 것입니다. 그런데 왜 당신은 그것을 사용하기를 주저하고 계십니까? 당신의 의지에게 "너는 모든 것이 사라져 버리고 말 것이라는 점을 알고 있다. 그러므로 세상을 사랑하지 말고 그리스도를 사랑하라"고 말해 보십시오.

그 다음으로는 당신 세계의 두 번째 영역인 기억력에게 "오 나의 기억력이여, 하나님께서 너에게 보여주신 자비에 대해서 감사하라. 즉 하나님께서 너로 하여금 이 세상의 일들에 대해서가 아니라 너를 창조해 주시고, 하나님의 아들의 보혈을 통해 너를 구속해 주신 것을 생각할 수 있도록 해주신 것에 대해 감사하라"고 말해 보십시오.

세 번째 영역인 여러분의 상상력에게 "오직 죽음만을 상상하면서 십자가에 못 박히신 분만을 바라보고, 그분의 품에 안겨 그분에게로 피하라"고 말해 보십시오. 먼저 당신의 눈에게는

"헛된 것들을 바라보지 말라"고, 귀에게는 "게으른 자들의 말은 믿지 말고 오직 예수님의 말씀에만 귀를 기울이라"고 그리고 혀에게는 "더 이상 악을 행치 말라"고 말하십시오. 왜냐하면 혀는 산꼭대기에서 굴러 내려오는 커다란 바위와 같아서 처음에는 서서히 굴러 내려오다가 갈수록 점점 더 빨라지고 난폭해지는 것이기 때문입니다. 혀는 소곤대는 속삭임으로부터 시작하여 작은 죄를 말하고 점점 더 큰 죄를 말하다가 결국 드러나게 하나님을 모독하기에 이르는 것입니다.

그 다음에 당신의 혓바닥에게는 "약간의 고행을 할 필요가 있다. 너의 모든 감각 기관들을 깨끗하게 하고 주님께로 향하게 해야 한다. 왜냐하면 너를 고쳐 주고 순결하게 해주실 분은 주님이시기 때문이다"라고 말하십시오. 그리고 당신의 손에게는 "선을 행하고 자비를 베풀라"고 말하며, 발에게는 "선한 길로 가라"고 말하십시오.

여러분 각자가 자기 자신에게 복음을 전파해야만 한다는 사실을 명심할 때 하나님의 영 안에서 우리의 개혁은 시작될 것입니다. 그렇게 되면 우리는 예수 그리스도의 이름으로 유혹의 귀신들을 쫓아낼 수 있게 될 것입니다. 유혹이 올 때마다 예수님을 부르십시오. 예수님을 수백 번 부르고 확고하게 믿으십시오. 그러면 유혹은 사라져 버릴 것입니다.

그렇게 되면 우리는 새 방언을 말하게 될 것입니다. 즉 우리는 하나님과 말하게 될 것입니다. 우리는 뱀들도 쫓아낼 것입니다. 여기서 뱀들이란 감각의 유혹을 말합니다. 또한 독을 마셔도 죽지 않을 것입니다. 즉 분노와 정욕이 일어날지라도 예수 그리스도의 이름으로 그것들을 쫓아낼 것입니다. 또한 우리가 병든 사람에게 손을 얹으면 그들은 나음을 얻을 것입니다.

다시 말하면, 우리는 착한 행실로써 연약한 영혼들을 강건하게 해줄 수 있을 것입니다. 연약함에서 벗어나기를 원한다면 하나님께로 피하십시오. 그러면 하나님께서 강건하게 해주실 것입니다. 하나님께서는 우리의 유일한 피난처가 되십니다. 그분은 여러분의 구주이시며 여러분의 주님으로서 하늘에 오르사 거기서 여러분을 위해 처소를 예비하고 계십니다.

이제 여러분은 어찌하시렵니까? 영원부터 영원까지 찬양을 받으실 우리 주 예수님께로 나아와 그분을 믿고 따르십시오. 아멘.

Sermon

THE ASCENSION OF CHRIST

"While he blessed them, he was parted from them, and carried up into heaven"(Luke 24:51).

BELOVED IN CHRIST JESUS, the wise men of this world divide all created things into two classes; one class they name substances, the other accidents. The substances are those things that exist through themselves without requiring anything else on which to rest, as the earth, water, air, the heavens, animals, stones, plants, and similar things. The accidents can not exist by themselves, but only by resting on something else, as color, odor, taste, and other such things. But because our knowledge is entirely through the senses, and we are able to know anything only when

---

Reprinted form *The World's Great Sermons,* Comp. Grenville Kleiser, vol. 1(New York: Funk & Wagnalls Co., 1908), pp. 93-112.

its accidents fall upon our senses, we have, therefore, knowledge of the accidents rather than of the substances.

The eyes are for colors, the ears for sounds the nose for scents, the tongue for flavors, the touch for heat and cold, for hard and soft. Each sense has its own sphere of knowledge and brings what it has perceived before the imagination, and this hands it over to the reason within, which reads and illuminates the productions of the imagination, judges them, and in this way comes to a knowledge of the substances. But the reason has little light if it is separated from the body, for God has joined soul and body together; and so by means of the senses knowledge becomes definite and complete. For if the soul out of the body were richer in knowledge, it would be in vain that it should be in the body. God and nature have done nothing in vain, and therefore the soul's union with the body ministers to its perfection.

The soul's knowledge, however, will not be complete so long as it lives in this mortal body. It does not while here come to the fundamental distinctions and causes of the substances, because it is obliged to know the inner side of things through their externals. Therefore man is able only imperfectly to know an incorporeal substance; how much less can he know the uncreated infinite being of God? But if he can not know the being of God, he will not be able to know many other infinite things which are in Him. We ought therefore not to be surprised that there is much in God which we can not understand, and that very many truths of the faith we can not yet prove since we do not yet know everything. The great God in His rich mercy saw our poor knowledge and came into our flesh and assumed it that He might work for us, die, and rise again from the dead; until after a life full of love He raised Himself above the world of sense into His eternity.

But so long as our Redeemer loved with His apostles they loved too much that which they saw of thim, because they were bound down to their sense, and were therefore unable to rise to the knowledge of His Spirit. It was necessary that He should disappear in the heavens that He might lift their souls far above the world of sense up to Himself. Their natural powers could not do this; therefore He gave to His elect a light from above. Ascending on high He led captivity captive, for ascending into the heavens He took with Him the prey which the devil had made of the soul of men ever since the fall of our parents. The Lord has given gifts unto men(Eph. 4:8), inasmuch as He has imparted to them the seven gifts of the Holy Ghost. Now they leave everything of this world, and rise above by following Christ, who gives to them for a light the light of faith. Let us speak this morning of this faith which leads to the Savior.

"Awake you that sleep and Christ shall give you light." Be not held captive by flesh and sense, which hold you fast in sleep; rise to Christ, He will give you light. See, His Flesh is above. What do you say to that, you wise men of this world? Everything that has weight tends downward, but His Flesh is on high above all heavens. This time your laws have been set at nought. But see what hope almighty God rouses in us: if our head has gone above, we, His members, will follow Him. In that we hope; of that we preach; on that we live. Know, O man, that if you will you can go to Paradise, for there has your Savior Christ gone; but know this also, that not by your own nature, not by means of silver and gold, not by your virtue, will you reach that place. He has given gifts unto men, and through these you may reach Paradise, if you only will. He has given you the gifts of His Holy Ghost, and before all the gift of knowledge by which He enlightens you and shows you by that light your goal.

Thereupon He gives thee the gift of wisdom, by which you learn to love your goal, and perceive how much you need love. Christ then says to man: Remain in My love, leave the things of this world, follow Me to heaven, And because it is needful for you to know that this world amounts to nothing, He gives you experience that it may say to you that you must soon leave this world in which nothing lasts. Through many difficulties and doubts, man must get so far and know what to do; therefore you have the gift of counsel. Hold fast to this counsel, and follow Christ, who will always give you good counsel. He will give you not the treasures of this world, but eternal glory and undying happiness. What will you do, O child of man? Leave this world, enter the service of Christ. He is waiting for you, and will reward your service, for He is a bountiful rewarder. Let everyone then hasten to serve Him. But because each one is bound to care for the salvation of his brother, and to lead him to Christ, therefore the Lord gives you the gift of love, by which you should warn your brother, your neighbor, your friend, your wife, everyone, and with all your strength and zeal should lead them to Christ.

But in this world man must go through joy and sorrow. To oppose the joys of earth, Christ gives you fear, that you might always be careful lest you should fall, and not let your joyous days separate you form the grace of Christ: to oppose unhappiness, He gives you strength to resist.

What do you want, O children of men; will you not follow Christ who has gone up on high and has departed to prepare a place for you in glory? you come not into the service of the Lord, because you are not able to believe these words. If you did but believe you would stand no longer indifferent. You are unbelieving, you are unthankful, and the Lord will punish your unbelief even as on the morning of His ascension. He punished the unbelief even as on the morning of His ascension. I have explained to you this morning this Gospel, I must punish the hardness and unthankfulness of your heart. You have refused the service of the Lord, who has ascended to prepare for you the highest glory.

I call upon men and women, all whose lives are ruined in sorrows and troubles. What do you fear? He who believes that Christ is above no longer fears anything. Come then all you into His service. Jesus reproved the unbelief and the hard-heartedness of His disciples, because they did not believe those who had seen Him after He had risen. Without faith it is impossible to please God. No doubt the apostles said: How can we believe these women? But these women were of pure heart before God, and therefore the Savior reproved His disciples. You deserve still sharper reprimands. To the disciples a few women announced the news that He had risen. You hear all this, and in addition all the glorious revelations in which the Lord after this manifested Himself on earth.

Why do you not come to serve Christ? You do not truly believe, because you are so full of sin, and despise God's commandments. You do not deserve the gift of faith. He who has faith should show it in his deeds, that he may have what he says he has, and may know what he has; namely, the certainty of the divine word, which can not err, the goodness of God, and His guidance into all goodness. On account of your sins, you have not the true light which would have enabled you to see all goodness. You are sunk in vice, drunken with greed and luxury, and all the works of this world. You seek only power and glory. And wherefore?

If you had faith, you would not seek such things, for you would know that faith would give you a much higher crown. From these sins have come your unbelief and your hardness of heart. Therefore the words of faith do not touch your heart: it is a heart of stone and iron. Throw off your load of sin and give your will to righteousness; then will your hard-heartedness end, and God will bestow on you the gift of faith. What will you? Why stand you so uncertain and irresolute? Why do you not hasten to Him, and see how He leaves your life, how He goes into the heavens, to which He bids you come up.

Leave at length your sensual life and enter the pathway of Christ. Hesitate no longer, begin today, put it not off until tomorrow. If you have faith, you can not delay longer, and if your heart is right before God, He will give you the light of faith which will enable you to distinguish the false from the true faith which will enable you to distinguish the false from the true faith, and so when on the right road not to fall into error.

Then will you know for yourself that the Gospel makes good men out of those who truly believe, and their experience will tell you that you have no occasion to doubt.

A story from the Old Testament might perhaps serve as a parable and make clearer what I mean. When Balak heard of Israel's march, he was afraid and sent to call Balaam to curse Israel for him. Balaam set out on his way with his ass, accompanied by an angel of the Lord, because Balaam was going to Balak with an evil intention. The beast sought in vain to turn into the field, and finally fell down between two walls, and suffered under blows and curses, until the prophet saw the angel and perceived his sin.

Balak is the devil who would ruin the people of God; by Balaam we can understand the nobles, the prelates, the preachers, the learned, who are held captive by their arrogance. The two servants are those who follow the proud, serve them and flatter them, especially the lazy clergy and monks, who so far as out ward show goes live a virtuous life, but who live for ceremonies and take care not to speak the truth. To these belong many citizens who live apparently virtuously and hide their pride. Because they commit no sins of the Flesh which can be noticed, they are full of piety in their outward ceremonies, but within full of arrogance. These are the members of the devil, for the devil neither eats, drinks, nor sleeps, he is neither a miser nor a wanton, but is within full of pride as are these. By the ass we are to understand the simple people. They are led in the way of sin by the ceremonies of the lazy, since they are not thought fit for the worship of the heart, and must be led by masses, penance, and indulgences, and they throw away what might be of profit for money and for candles.

The lazy give them council in their sermons: Give some vestment, build a chapel, and you will be freed from any danger of going to hell. Do not believe these mountebanks; no outward act can bring you to Paradise, not even miracles and prophecy, but only the grace of God, if you have humility and love… Before the ass stood and angel with a sword.

This is Christ, who speaks to the ass: Walk no longer in the path of sin, for I have ready for you a great scourge. The ass alone saw the angel; for the simple first hear the word of the Lord, but Balaam and such as are with him will hear nothing of it. The ass left the path of captivity and went out into the field, into the way of the Lord. "For the kingdom of heaven is like treasure hid in a field; which when a man found he sold all that he had and bought that field." So the simple go into the holy field of the Scriptures and say: "Let me look around a little, for the flowers of this field bear fruit." Yea, our fathers, the prophets, apostles, and martyrs bore fruit, they who died with joy for the truth. These are they who go into the field and speak the truth in the face of death.

Come into the city, where the nobles and the masters taken captive by sin crowd together, cry the lazy troop of monks: O fathers, it would be well if when you spoke of these things, you touched not this string, by which you allow yourselves to fall into disgrace and disfavor, They have said that already to me. Our persecution begins if we begin to preach. But Jesus was willing to die for the truth of what He said; should we forsake the truth in order not to displease men? No, we will say it in every way, and with Balaam's ass go into the field.

Think not that I am such a fool as to undertake these things without good reason. I call heaven and earth to witness against me if I do not speak the truth. For against all the world is my sermon; everyone contradicts it. If I go about with lies, then I have Christ against me; therefore I have heaven and earth against me, and how then could I stand? As such a trifler with holy things how should I dare rise up? Believe me, I speak the truth, I have seen it with my eyes, and touched it with my hands. Believe it! If I speak not the truth, I consign myself body and soul to destruction; but I tell you I am certain of the truth, and I would that all were as I am. I say that of the truth on which I stand, not as though I wished that others had my failings as well. So come then into the service of Jesus; Come to the truth, come here, I bid you.

Do you not know how I explained the revelation of St. John? There were many who said that I spoke too much in detail, and went too deep into it. There stood the angel before the ass, and wanted it to go out into the field, but Balaam smothe it; and you know not how much opposition I must yet undergo. The lazy monks were the first who called me a fool and revolutionist, and on the other side stood the weak and the simple, who said in their innocent faith: "Oh, if we could only do what He teaches!"

Then I had war with the citizens and the great judges of this time, whom my manner of preaching did not please. I was between two walls; the angel warned me, threatening eternal death from this road, and I received Balaam's blows.

You know my persecution and my danger; but I knew that I was on the way to victory and said always: No human being can drive my cause from the world. Balaam, you lean your foot against the walls, but do as you will, I will crush your foot; I leaned on the wall, on Christ, I leadned on His grace, I hoper; leave off your anger and threatening, you can not get me away from the wall. I say to all of you: Come to the truth, forsake your vice and your malice, that I may not have to tell you of your grief. I say it to you, O Italy, I say it to you, O Rome, I say it to all of you; return and do penance. There stands before you the holy truth; she can not fall; she can not bend or give way; wait not until the blows fall.

In everything am I oppressed; even the spiritual power is against me with Peter's mighty key. Narrow is my path and full of trouble; like Balaam's ass, I must throw myself on the ground and cry: "See, here I am; I am ready to die for the truth." But when Balaam beat his fallen beast, it said to him: "What have I done to you?" So I say to you: "Come here and tell me: what have I done to you? Why do you beat me? I have spoken the truth to you; I have warned you to choose a virtuous life; I have led many souls to

Christ." But you answer: "You have spoken evil of us, therefore, you should suffer the stripes you deserve." But I named no one, I only blamed your vices in general. If you have sinned, be angry with yourselves, not with me.

I name none of you, but if the sins I have mentioned are without question yours, then they and not I make you known. As the smitten beast asked Balaam, so I ask you: "Tell me, am I not your ass? and do you not know that I have been obedient to you up to this very moment, that I have even done what my superiors have commanded, and have always behaved myself peaceably?" You know this, and because I am now so entirely different, you may well believe that a great cause drives me to it. Many knew me as I was at first; if I remained so I could have had as much honor as I wanted. I lived six years among you, and now I speak otherwise, nevertheless I announce to you the truth that is well known.

You see in what sorrows and what opposition I must now live, and I can say with Jeremiah: "O, my mother, that you have borne me a man of strife and contention to the whole earth!" But where is a father or a mother that can say I have led their son into sin; one that can say I have ruined her husband or his wife? Everybody knows my manner of life, therefore it is right for you to believe that I speak the truth which everybody knows. You think that it is impossible for a man to do what the faith I have preached tells him to do: with God it would be easy for you.

The ass alone saw the angel, the others did not; so open your eyes. Thank God, many have them open. You have seen many learned men whom you thought wise, and they have withstood our cause: now they believe; many noted masters who were hard and proud against us: now humility casts them down. You have also seen many women turn from their vanity to simplicity; vicious youths who are now improved and conduct themselves in a new way. Many, indeed, have received this doctrine with humility.

That doctrine has stood firm, no matter how attacked with the intention of showing that it was a doctrine opposed to Christ. God does that to manifest His wisdom, to show how it Finally overcomes all other wisdom. And He is willing that His servants be spoken against that they may show their patience and humility, and for the sake of His love not be afraid of martyrdom.

O you men and women, I bid you to this truth; let those who are in captivity contradict you as much as they will, God oppose their pride. You proud, however, if you do not turn about and become better, then will the sword and the pestilence fall upon you; with famine and war will Italy be turned upside down. I foretell you this because I am sure of it: if I were not, I would not mention it. Open your eyes as Balaam opened his eyes when the angel said to him: "Had it not been for your ass, I would have slain you." So I say to you, you captives: Had it not been for the good and their preaching, it would have been woe unto you. Balaam said: "If this way is not good, I will return." You say likewise, you would turn back to God, if your way is not good. And to the angel you say as Balaam said: "What will you that we should do?" The angel answers you as he answered Balaam: "You shall not curse this people, but shall say what I put in your mouth."

But in your mouth he puts the warning that you should do good, convince on another of the divine truth, and bear evil manfully. For it is the life of a Christian to do good and to bear wrong and to continue steadfast unto death, and this is the Gospel, which we, according to the text of the Gospel for today, shall preach in all the world.

What will you have of us, brother? you ask. I desire that you serve Christ with zeal and not with sloth and indifference. I desire that you do not mourn, but in thankfulness raise your hands to heaven, whenever your brother or your son enters the service of Christ. The time is come when Christ will work not only in you but through you and in others; whoever hears, let him say: "Come brother. Let one draw the other. Turn about, you who think that you are of a superior mind and therefore can not accept the faith."

If I could only explain this whole Gospel to you word for word, I would then scourge your forehead and prove to you that the faith could not be false and that Christ is your God who is enthroned in heaven, and waits for you. Or do you believe? Where are your works? Why do you delay about them? Hear this: There was once a monk who spoke to a distinguished man about the faith, and got him to answer why he did not believe. He answered thus: "You yourself do not believe, for if you believed you would show other works." Therefore, to you also I say: If you believe, where are your works? Your faith is something everyone knows, for everyone knows that Christ was put to death by the Jews, and that everywhere men pray to Him.

The whole world knows that His glory has not been spread by force and weapons, but by poor fishermen. O wise man, do you think the poor fishermen were not clever enough for this? Where they worked, there they made hearts better; where they could not work, there men remained bad; and therefore was the faith true and from God. The signs which the Lord had promised followed their teaching: in His name they drove out the devil; they spoke in new tongues; If they drank any deadly drink, they received therefrom no harm. Even if these wonders had not occurred, there would have been the wonder of wonders, that poor fishermen without any miracle could accomplish so great a work as the faith. It came from God, and so is Christ true and Christ is your God, who is in heaven and awaits you.

You say you believe the Gospel, but you do not believe me. But the purer anything is, so much the nearer it stands to its end and purpose. The Christian life purifies the heart, and places it very near to the truth. To the Christian life will I lead you, if you would have the knowledge of the truth. If I had wished to deceive you, why should I have given you as the chief of my gifts the means of discovering my fraud? I would be verily a fool to try to impose upon you with a falsehood which you would soon detect; only because I offered you the truth, did I call you. Come here, I fear you not; the closer you examine, the clearer the truth will become to you.

There are some, however, who are ashamed of the cross of Jesus Christ, and say: If we should believe that, we should be despised everywhere, especially by the wisest. But if you would know the truth, look only on the lives of those who would have to cry woe on their unbelief if they should be measured by deeds. If you are ashamed of the cross, the Lord was not ashamed to bear that cross for you, and to die on that cross for you. Be not ashamed of His service and of the defense of the truth. Look at the servants of the devil. who are not ashamed in the open places, in the palaces, and everywhere to speak evil and to revile us.

Bear then a little shame only for your Lord; for whoever follows Him will, according to our gospel, in His name drive out the devil; that is, he will drive out his sins, and lead a virtuous life; he will drive our serpents; he will throw out the lazy who come into the houses, and say evil things under the pretense of righteousness, and so are like poisonous serpents. You will see how children can withstand them with the truth of God, and drive them away. If a believer drinks anything deadly it will not hurt him: this deadly drink is the false doctrines of the lazy, from whom, as you contend with them, a little comes also to you. But he who stands unharmed in the faith, cries to you: See that you do good; seek God's glory, not your own. He that does that is of the truth, and remains unharmed. The Lord says further of the faithful: They shall lay their hands on the sick and shall heal them. The hands are the works, and the works, and the good lay such hands on the weak that they may support them when they tooter. Do I not teach you according to the Gospel? Why do you hesitate and go not into the service of the Lord? Do you ask me still what you ought to do? I will, in conclusion, tell you.

Look to Christ and you will find that all He says concerns faith. Ask the apostle; he speaks of nothing else than of faith. If you have the ground of all, if you have faith, you will always do what is good. Without faith man always falls into sin. You must seek faith in order to be good, or else your faith will become false. Christ commanded His disciples to preach the Gospel to all the world, any your wise men call a man a little world, a microcosm. So then preach to yourself, O man, woman, and child. Three parts the world has in you also.

Preach first of all to your knowledge, and say to it: If you draw near this truth, you will have much faith; wherefore do you hesitate to use it? To your will, say: You see that everything passes away; therefore love not the world, love Christ. Thereupon turn to the second part of your world, and say to it: Be thankful, O my memory, for the mercies God has shown you, that you think not of the things of this world but of the mercy of your creation, and your redemption through the blood of the Son of God. Then go to the third part, to your imagination, and proclaim to it: Set nothing before my eyes but my death, bring nothing before me but the Crucified, embrace Him, fly to Him.

Then go through all the cities of your world and preach to them. First say to your eyes: Look not on vanity. To your ears say: Listen not to the words of the lazy, but only to the words of Jesus. To your tongue say: Speak no more evil. For your tongue is as a great rock that rolls from the summit of a mountain, and at first falls slowly, then ever faster and more furiously. It begins with gentle murmuring, then it utters small sins, and then greater, until it finally breaks forth in open blasphemy. To your palate say: It is necessary that we do a little penance. In all your senses be clean, and turn to the Lord, for He it is who will give you correction and purity. To your hands say: Do good and give alms; and let your feet go in the good way.

Our reformation has begun in the Spirit of God, if you take it to heart that each one has to preach to himself. Then will we in the name of Jesus drive out the devils of temptation. Yes, call upon Jesus as often as temptation approaches: call upon Him a hundred times and believe firmly, and the temptation will depart. Then will we speak with new tongues; we will speak with God. We shall drive away serpents; the enticement of the senses are these serpents. If we drink anything deadly it will not hurt us; if anger and lust arise in us, at the name of Jesus they will have to give way. We shall lay our hands upon the sick and heal them; with good deeds shall we strengthen the weak soul. If you feel your weakness, flee to God, and He will strengthen; therefore He is your only refuge.

He is your Savior and your Lord, who went into the

heavens to prepare a place for you, and to wait you there. What do you intend to do? Go and follow Jesus, who is praised from everlasting to everlasting. Amen.

참고서적

기독교대백과사전 편찬 위원회편. 「基督敎大百科辭典」. 서울: 기독교문사, 1985.

권덕규. "中世의 修道士 Girolamo Savonarola의 生涯를 通해 본 정복 活動". 서울: 연세대학교 연합신학대학원석사논문, 1979.

김남준. 「교회 갱신과 설교의 회복」. 안양: 도서출판 솔로몬, 1992.

_____. 「창세기의 신앙부흥」. 서울: 무림출판사, 1992.

김명혁. 「초대교회사 강의안」. 수원: 합동신학원, n.d.

맹용길 편. 「세계명설교대전집」. 제1권, 인천: 성서연구사, 1984.

정성구. 「改革主義說敎學」. 서울: 총신대학출판부, 1991.

정장복. 「인물로 본 설교의 역사」 상권. 서울: 장신대 출판부, 1988.

Burkhardt, Jacob. *The Civilization of the Renaissance in Italy*. vol. 2. New York: Harper & Brothers Publishers, 1929.

Cairns, Earle Edwin. *Christianity Through the Centuries*, Grand

Rapids: The Zondervan Cop., 1981.

Carlge, Thomas. *Heroes & Hero-Worship*. London: 3rd edition, 1846.

Clyde, Manschreck L. 「세계교회사」. 최은수 역. 서울: 총신대학 출판부, 1991.

Cross, F. L. & Livingstone E. A. *The Oxford Dictionary of the Christian Church*, Oxford: Oxford Univ. Press, 1974.

Dargan, Edwin Charles. *A History of Preaching: From the Apostolic Fathers to the Great Reformers* A.D. 70-1573, vol.1. Grands Rapids: Baker Book House, 1974.

Edwards, Jonathan: *The Works of Jonathan Edwards; Narrative of Suprising Conversion*. revised & corrected by Edward Hickman, vol. 1. London: Banner of Truth Trust, 1976.

Fox, John. 「위대한 순교자들」. 맹용길 역. 서울: 보이스사, 1988.

Gonzales, Justo L. 「종교개혁사」. 서영일 역. 서울: 도서출판 은성, 1989.

_____. *A History of Christian Thought: From Augustine to the Eve of the Reformation*. Nashville: Abingdon Press, 1985.

Hardy, George M. *Savonarola*. New York: Charles Scribner's Sons, 1901.

Horsburgh, E. L. S. *Girolamo Savonarola*. London: Methuen & Co. Ltd., 1913.

Houghton, Sidney. 「기독교회사」. 정중은 역. 서울: 나침반, 1988.

Latourette, Kenneth Scott. *A History of Christianity; Beginnings to 1500*. vol.1. New York: Harper & Row, 1975.

Lindsay, Thomas. 「宗敎改革史」. 서울: 예장총회출판부, 1919.

로슨, 제임스 G. 「위대한 靈性人」. 엄성옥 역. 서울: 도서출판 은성, 1990.

모이어, E. S. 「人物中心의 敎會史」. 곽안전, 심재원 역. 서울: 대한기독교서회, 1988.

Renwick, A. M. 「스코틀랜드 宗敎改革史」. 홍치모 역. 서울: 생명의 말씀사, 1980.

Ridolfi, Robert. *The Lige of Girolamo Savonarola*. trans. by Cecil Grayson. London: Routledge and Kegan Paul, 1959.

Roeder, Ralph. *The Man of the Renaissance*. New York: The Viking Press, n.d.

Schaff, Phillip. *History of Christian Church*. vol. IV. Grand Rapids: Eerdmanns Publishing co., 1976.

Stott, John R. *Between Two Worlds; the Art of Preaching in the 20th century*. Grand Rapids: W. B. Eerdmanns Publ. Co., 1982.

Vanderbroucke, Leclercg Jean Francois & Bouger, Louis. *A History of Christian Spirituality: The Spirituality of the Middle Ages*. New York: The Seabury Press, 1961.

기롤라모 사보나롤라

2011년 12월 15일 개정판 2쇄 발행

지은이 ㅣ 김남준
펴낸이 ㅣ 박영호
펴낸곳 ㅣ 도서출판 솔로몬

주소 ㅣ 서울시 동작구 사당 3동 207-3 신주빌딩 1층
전화 ㅣ 599-1482
팩스 ㅣ 592-2104
직영서점 ㅣ 596-5225

등록일 ㅣ 1990년 7월 31일
등록번호 ㅣ 제 16-24호

ⓒ 저자와의 협약 아래 인지는 생략되었습니다.
이 출판물은 저작권법에 의해 보호를 받는 저작물이므로
무단 전제와 무단 복제를 할 수 없습니다.

ISBN 978-89-8255-214-4